Μιλτιάδης Βασιλόπουλος

Μαθαίνω σωστά τη γλώσσα μου

Β΄ ΔΗΜΟΤΙΚΟΥ

2ο Τεύχος

Σαββάλας
ΕΚΔΟΣΕΙΣ

Μαθαίνω σωστά τη γλώσσα μου
Β΄ Δημοτικού - 2ο Τεύχος
Μιλτιάδης Βασιλόπουλος

Ζ. Πηγής 18, 106 81 Αθήνα
Τηλ.: 33.01.251 - Fax: 38.10.907, email: info@savvalas.gr

Σελίδες 288, Σχήμα 17×24
ISBN: 960-460-320-5   Κ.Α. 59046

Σκίτσο εξωφύλλου: Καραμποΐκης Βασίλης, Τηλ.: 76.25.320
Σκίτσα κειμένου: Γρηγόρης Ντε Τζώρτζιο
Εξώφυλλο: LEXIMA / Αρβανίτης Α. Κοσμάς, Τηλ.: 33.03.265, Τηλ./Fax: 33.03.612
Επιμέλεια - Διορθώσεις: Μαρία Συμεωνίδου

Περιεχόμενα

Πρόλογος

Αγαπητοί γονείς,

Μια καινούρια σχολική χρονιά αρχίζει και μαζί της αρχίζει και η δική σας προσπάθεια να βοηθήσετε το μικρό μαθητή. Μια προσπάθεια που είναι, φυσικά, παράλληλη με τη δική του.

Όλοι γνωρίζουμε ότι η γλώσσα μας χρειάζεται μελέτη σοβαρή και συστηματική, όχι επιφανειακή. Το βιβλίο που κρατάτε στα χέρια σας έρχεται να βοηθήσει εσάς και τα παιδιά στην καλύτερη κατανόηση και ικανή εμπέδωση των στοιχείων της γλώσσας. Επιπλέον, έρχεται να προσφέρει τα ερεθίσματα εκείνα που θα συντελέσουν στην ανάπτυξη των κατάλληλων μηχανισμών της γραπτής έκφρασης.

Πιστεύουμε ότι με την ορθή χρήση του το βιβλίο μας θα γίνει ένας ουσιαστικός βοηθός, ώστε το παιδί να καταφέρει να πετύχει τους στόχους του.

ο συγγραφέας

Το μεγάλο κοτρόνι

Με άλλα λόγια το μάθημα

Σε κάποιο χωριό, και μάλιστα λίγο πιο έξω από αυτό, υπάρχει ένα μικρό λοφάκι. Πάνω στο λοφάκι βρίσκεται ένας πολύ μεγάλος βράχος. Τα παιδιά του χωριού τού έχουν βγάλει και όνομα. Τον λένε το Μεγάλο Κοτρόνι.

Το Μεγάλο Κοτρόνι, λοιπόν, βρίσκεται εκεί, πάνω στο λοφάκι, παρέα με κάποιο γέρικο πεύκο. Ένα κλωνάρι του πεύκου πετάγεται λίγο λοξά και φτάνει ως επάνω στο βράχο. Τα παιδιά του χωριού πηγαίνουν πολλές φορές εκεί για παιχνίδι. Τα μεγάλα σκαρφαλώνουν στο πεύκο κι από κει ανεβαίνουν στο Κοτρόνι. Τα μικρά παίζουν σε μια μικρή σπηλιά και την έχουν σαν σπίτι. Κάποια μυρμήγκια, όμως, έχουν εκεί το αληθινό τους σπίτι.

Λέξεις και φράσεις που χρειάζονται προσοχή

υψωματάκι: μικρό λοφάκι.

πελώριος: πάρα πολύ μεγάλος, τεράστιος.

ακουμπά στη ράχη του βράχου: θα το λέγαμε αλλιώς «στην πλάτη του βράχου». Εννοούμε, φυσικά, το πίσω μέρος του βράχου.

σαν να τους δένει δυνατή φιλία: ο βράχος και το πεύκο είναι πάρα πολύ καλοί φίλοι.

Θυμάμαι από τη γραμματική

Υπάρχουν πολλά ρήματα που, όπως μάθαμε, έχουν κατάληξη (δηλαδή, τελειώνουν) σε **-αίνω.** Όλα αυτά τα ρήματα γράφονται με **άλφα γιώτα** (**αι**).

Παραδείγματα

πηγ**αί**νω	ανεβ**αί**νω
μαθ**αί**νω	μπ**αί**νω
ζεστ**αί**νω	καταλαβ**αί**νω

Τα μόνα ρήματα που δε γράφονται με **αι** αλλά με **έψιλον** (**ε**) είναι τα:

μ**έ**νω, δ**έ**νω, πλ**έ**νω

και, φυσικά, όσα είναι **σύνθετα** με αυτά, όπως:

υπομ**έ**νω, ξεδ**έ**νω, ξαναπλ**έ**νω.

αγναντεύουν το τοπίο ένα γύρο: τα παιδιά κοιτάζουν ως πέρα μακριά, όχι μόνο μπροστά τους αλλά και δεξιά κι αριστερά, «ένα γύρο» όπως λέμε. π.χ. «Κοίταξε **ένα γύρο,** μήπως και τον δει.» Δηλαδή: «Κοίταξε γύρω του, δεξιά, αριστερά, μπροστά, πίσω, μήπως δει αυτόν που έψαχνε».

σαν παλιοί εξερευνητές: όπως έκαναν στα παλιά χρόνια αυτοί που εξερευνούσαν, αυτοί που έψαχναν άγνωστα μέρη.

Εξάσκηση

✎ *Διαβάζω προσεχτικά πώς κλίνονται τα παρακάτω ρήματα.*

εγώ	κατεβ**αίνω**	εγώ	πλ**ένω**
εσύ	κατεβ**αίνεις**	εσύ	πλ**ένεις**
αυτός	κατεβ**αίνει**	αυτός	πλ**ένει**
εμείς	κατεβ**αίνουμε**	εμείς	πλ**ένουμε**
εσείς	κατεβ**αίνετε**	εσείς	πλ**ένετε**
αυτοί	κατεβ**αίνουν**	αυτοί	πλ**ένουν**

Σημείωση
Τα κείμενα «Με άλλα λόγια το μάθημα» μπορούν να προσφέρουν στο παιδί ευκαιρίες για **εξάσκηση στο διάβασμα.** Μπορείτε, επίσης, στην αρχή να τα διαβάζετε κι εσείς, βρίσκοντας **ευκαιρίες για συζήτηση.**

σπηλιά: άνοιγμα που έχει κάποιος βράχος ή ένα βουνό ή και το έδαφος ακόμα. Μια σπηλιά μπορεί να είναι μεγάλη ή μικρή. Αν είναι πολύ μεγάλη, τη λέμε σπήλαιο.

σφηνώνουν ξυλαράκια: βάζουν κάποια ξυλαράκια σε τρυπούλες και τα πιέζουν προς τα μέσα για να στερεωθούν.

✎ *Κλίνω τα παρακάτω ρήματα.*

δένω		**βγαίνω**	
εγώ	______	εγώ	______
εσύ	______	εσύ	______
αυτός	______	αυτός	______
εμείς	______	εμείς	______
εσείς	______	εσείς	______
αυτοί	______	αυτοί	______

✎ *Αλλάζω τις παρακάτω προτάσεις από το **εγώ** στο **εμείς**, όπως στο παράδειγμα. Όταν κάνω την αλλαγή, προσέχω τα ρήματα.*

– Εγώ πηγαίνω εκδρομή με τους φίλους μου.

Εμείς πηγαίνουμε εκδρομή με τους φίλους μας.

– Αύριο θα πάω στο γήπεδο, για να τρέξω.

______

______

– Το καλοκαίρι μαζεύω κοχύλια από τη θάλασσα.

______

______

– Προσπαθώ να ζωγραφίσω αυτή την εικόνα.

______

______

– Ανάβω το φως, γιατί δε βλέπω
στο σκοτάδι.

✎ *Αλλάζω τις παρακάτω προτάσεις από το* ***φέτος*** *στο* ***πέρσι,*** *όπως στο παράδειγμα, και προσέχω πώς θα γίνουν τα ρήματα.*

– Φέτος γράφω γρήγορα τα μαθήματά μου.
Πέρσι έγραφα γρήγορα τα μαθήματά μου.

– Φέτος ξέρω να διαβάζω πολύ καλά.

– Φέτος μπορώ να δένω τα κορδόνια μου.

– Στο σπίτι μας φέτος βάφουμε
τους τοίχους.

– Φέτος πηγαίνω μόνη μου στο σχολείο.

Με τις λέξεις της καρτέλας γράφω προτάσεις

κορυφή

π.χ. Μια μαϊμού ανέβηκε στην κορυφή του δέντρου.

κράτησα

π.χ. Κράτησα στην αγκαλιά μου το μωρό.

παλιός

π.χ. Στο υπόγειο υπάρχει ένας παλιός καναπές.

γη

π.χ. Οι εξερευνητές, με τα ταξίδια τους, ανακάλυψαν ότι η γη είναι στρογγυλή.

Σκέφτομαι και γράφω

1

2

3

4

5

6

✎ *Απαντώ με λίγα λόγια στις παρακάτω ερωτήσεις.*

– Πού βρίσκονται τα παιδιά της πρώτης εικόνας και τι κάνουν;

– Τι μέρος είναι αυτό που δείχνει η δεύτερη εικόνα; Υπάρχει τέτοιο μέρος κοντά στο σπίτι σου;

– Θα μπορούσαν τα παιδιά που κάνουν ποδήλατο να πάνε στο μέρος της έκτης εικόνας και να κάνουν ποδήλατο εκεί; Τι τα εμποδίζει;

– Το μέρος της τέταρτης εικόνας βρίσκεται σε πόλη ή σε χωριό; Από πού το καταλαβαίνεις;

– Τι παίζουν τα παιδιά της τρίτης εικόνας; Εσύ παίζεις αυτό το παιχνίδι με τους φίλους σου; Σε ποιο μέρος;

Σημείωση

Παροτρύνετε το παιδί να **διαβάζει μόνο του τις ερωτήσεις.** Εσείς θα το βοηθήσετε εκεί που δεν καταλαβαίνει κάτι. Και αν δεν πρόκειται για κάτι δύσκολο, μπορείτε να το ενθαρρύνετε να ξαναδιαβάσει την ερώτηση. Είναι σημαντικό να είστε **ευγενικοί και φιλικοί, και όχι απότομοι και πιεστικοί.**

Πού μ' αρέσει να παίζω με τους φίλους μου

Στη γειτονιά μου υπάρχουν μερικά μέρη όπου εμείς τα παιδιά μπορούμε να παίζουμε. Υπάρχει μια παιδική χαρά, το μεγάλο προαύλιο της εκκλησίας, ένα άδειο οικόπεδο και το μεγάλο κομμάτι της πλατείας που έχει το σιντριβάνι. Εγώ και η παρέα μου παίζουμε σε όλα αυτά τα μέρη.

Εκεί, όμως, που μου αρέσει πιο πολύ να πηγαίνω να παίζω με τα παιδιά είναι στην αυλή της Γωγώς. Η φίλη μου η Γωγώ μένει σ' ένα διώροφο σπίτι, που στο πίσω μέρος έχει μια πολύ μεγάλη αυλή. Εκεί μαζευόμαστε και παίζουμε πολλές φορές.

Μέσα στην αυλή υπάρχουν τέσσερα δεντράκια. Στο πιο μεγάλο από αυτά έχουμε φτιάξει μια κούνια. Υπάρχουν και δυο τρεις θάμνοι, που τους χρησιμοποιούμε όταν παίζουμε κρυφτό. Ο μπαμπάς της Γωγώς μάς έχει φτιάξει και μια μικρή μπασκέτα, για να παίζουμε μπάσκετ.

Η αυλή της Γωγώς είναι ο καλύτερος χώρος για παιχνίδια και είναι όλος δικός μας.

Γιώτα

Σημείωση

Τα Σκέφτομαι και γράφω που θα βρείτε στο βιβλίο αυτό δεν γράφτηκαν για να βάλετε το παιδί να τα αποστηθίσει και να τα γράφει στο σχολείο. Έχουν στόχο να σας δώσουν επιπλέον ιδέες, εκτός από αυτές που ήδη έχετε, και παραστάσεις, για να τις συζητήσετε με το παιδί, ώστε να εμπλουτίσει αυτά που ήδη έχει στο μυαλό του. Ποτέ μην ξεχνάτε ότι **κάθε παιδί έχει το δικό του τρόπο έκφρασης.** Από αυτόν θα ξεκινήσετε και θα συνεχίσετε καλλιεργώντας τον και βελτιώνοντάς τον.

Η γιδούλα και τα λιανοκατσικάκια της

Λέξεις και φράσεις που χρειάζονται προσοχή

λιανοκατσικάκια: μικρά, λεπτά κατσικάκια. Η λέξη είναι σύνθετη από τις λέξεις «λιανός» + «κατσικάκια». «Λιανός» σημαίνει μικροκαμωμένος, λεπτός.

τετραπέρατη: πάρα πολύ έξυπνη. π.χ. «Αυτό το μωρό είναι **τετραπέρατο.** Τα καταλαβαίνει όλα.» Δηλαδή: «Είναι ένα πανέξυπνο μωρό».

κατσικοστριφτο-κέρατη: (κατσίκα + στριφτός + κέρατα) η κατσίκα που έχει στριφογυριστά

Με άλλα λόγια το μάθημα

Το ποιηματάκι αυτό μας παρουσιάζει τη συνομιλία που είχαν μια γριούλα με μια κατσίκα. Η συνομιλία αυτή, βέβαια, δεν είναι αληθινή, αλλά φανταστική.

Μια γριούλα, λοιπόν, λέει σε μια κατσίκα να μαζέψει τα παιδιά της, τα κατσικάκια της, γιατί μπαίνουν μέσα στο περιβόλι της και της τρώνε τις αμυγδαλιές, τις πορτοκαλιές και τις νεραντζιές της. Και της λέει πως, αν τα πιάσει, θα τα χτυπήσει με τη μαγκούρα της.

Η κατσίκα, όμως, απαντάει στη γριούλα και της λέει να μην τα χτυπήσει, αλλά να φτιάξει ένα φράχτη ψηλό, ώστε να μην μπορούν να μπαίνουν μέσα στο περιβόλι της. Της λέει, ακόμα, να κάνει λίγη υπομονή, μέχρι να μεγαλώσουν και να μπορούν να σκαρφαλώνουν στα βράχια και στα βουνά. Εκεί θα βρίσκουν τροφή κι έτσι θα κάνουν γάλα, για να έχουν να πίνουν τα εγγονάκια της γριούλας.

κέρατα.

παϊδάκια: ή, αλλιώς, παΐδια. Είναι τα λεπτά κόκαλα που βρίσκονται στα πλευρά μας, πιο πάνω από τη μέση. Παϊδάκια έχουν και οι άνθρωποι και τα ζώα. Τα πιο γνωστά, όμως, είναι των αρνιών και των κατσικιών, επειδή τα ψήνουμε και τα τρώμε.

φραγή: φράχτης, μάντρα.

βοσκή: το χορτάρι ή ό,τι άλλο τρώνε τα ζώα όταν βόσκουν. Φυσικά, εννοούμε τα φυτοφάγα ζώα: αρνιά, κατσίκες, αγελάδες, άλογα.

Θυμάμαι από τη γραμματική

✓ Όπως έχουμε μάθει, οι λέξεις αποτελούνται από συλλαβές. Ανάλογα με το πόσες συλλαβές έχει μια λέξη, παίρνει και ένα όνομα:

– αν έχει μία συλλαβή,
λέγεται **μονοσύλλαβη,**
– αν έχει δύο συλλαβές,
λέγεται **δισύλλαβη,**
– αν έχει τρεις συλλαβές,
λέγεται **τρισύλλαβη,**

Σημείωση

Στη συγκεκριμένη περίπτωση δεν κάνουμε μάθημα συλλαβισμού. Δηλαδή, δεν δείχνουμε στο παιδί πώς πρέπει να χωρίζονται οι συλλαβές. Προσπαθούμε να το εξοικειώσουμε με μεγάλες, πολυσύλλαβες λέξεις. **Αυτό που μας ενδιαφέρει είναι το μέτρημα και όχι ο σωστός χωρισμός των συλλαβών.** Για το λόγο αυτόν, δεν ζητάμε από το παιδί να χωρίσει τις λέξεις στο χαρτί, αλλά να μετρήσει προφορικά τις συλλαβές και να διαπιστώσει πόσες έχει η λέξη.

– αν έχει τέσσερις ή και περισσότερες συλλαβές, λέγεται **πολυσύλλαβη.** Και τις πολυσύλλαβες λέξεις, όμως, μπορούμε να τις πούμε με το δικό της όνομα την καθεμιά. Δηλαδή: **τετρασύλλαβη, πεντασύλλαβη, εξασύλλαβη, εφτασύλλαβη, οχτασύλλαβη, εννιασύλλαβη.**

Παραδείγματα

πο-δή-λα-το	:	4	συλλαβές
σι-δη-ρό-δρο-μος	:	5	»
μα-χαι-ρο-πί-ρου-να	:	6	»
πο-δη-λα-το-δρό-μι-ο	:	7	»
ρα-δι-ο-κα-σε-τό-φω-νο	:	8	»
αγ-γου-ρο-ντο-μα-το-σα-λά-τα	:	9	»

✓ Μαθαίνοντας τα ρήματα που τελειώνουν σε **-ω,** γνωρίσαμε μερικές από τις καταλήξεις τους. Θα ήταν καλό να τις θυμηθούμε, γιατί, όταν τις ξέρουμε, δεν κάνουμε ορθογραφικά λάθη.

- Τα ρήματα που τελειώνουν σε **-ίζω** γράφονται με **γιώτα (ι):** χτενίζω, καθαρίζω, γυρίζω, ποτίζω.

- Τα ρήματα που τελειώνουν σε **-ώνω** γράφονται με **δύο ωμέγα** (**ω**): απλώνω, φουντώνω, καρφώνω.

- Τα ρήματα που τελειώνουν σε **-εύω** γράφονται με **έψιλον ύψιλον** (**ευ**): φυτ**εύ**ω, ψαρ**εύ**ω, κουρ**εύ**ω.
- Τα ρήματα που τελειώνουν σε **-αίνω** γράφονται με **άλφα γιώτα (αι):** μαθ**αί**νω, παθ**αί**νω, καταλαβ**αί**νω.
- Τα μόνα ρήματα που τελειώνουν σε **-ένω** με **έψιλον** (**ε**) είναι τα

μένω, δένω, πλένω

και όσα είναι σύνθετα με αυτά: υπομ**έ**νω, ξαναδ**έ**νω, ξεπλ**έ**νω.

Εξάσκηση

✎ *Γράφω τις παρακάτω λέξεις στην ομάδα που πρέπει, ανάλογα με το πόσες συλλαβές έχει.*

παράθυρο, μουστοκούλουρα, καραβάκι, ντοματοσαλάτα, ψαροταβέρνα, κουραμπιέδες, σιδηροδρομικός, ραδιοτηλεόραση, κινηματογραφική, τετράγωνο, παραθαλάσσιο, καλαμάκι, μπαλκονόπορτα, σταφιδοπαραγωγός, αυτοκίνητο, μαρουλοσαλάτα, κολοκυθοκεφτέδες, μολυβοθήκη, πυραυλοκίνητος, ομοιοκαταληξία

Τετρασύλλαβες: ______________________

____

____

____

Πεντασύλλαβες: ______________________

____

____

Εξασύλλαβες: ______________________

____

____

Εφτασύλλαβες: ______________________

____

____

Οχτασύλλαβες: ______________________

____

✎ *Γράφω από 3 δικές μου λέξεις για κάθε ομάδα.*

Τετρασύλλαβες: ______________________

____

____

Πεντασύλλαβες: ______________________

____

____

Εξασύλλαβες: ______________________

____

____

✎ *Διαβάζω προσεχτικά το παρακάτω κείμενο και συμπληρώνω τα γράμματα που λείπουν. Δεν ξεχνώ τους τόνους.*

Τα παιδιά σήμερα πηγ _ νουν εκδρομή. Ο Γιώργος σφυρ _ ζει και λέει σε όλους να τελει _ νουν γρήγορα. Η Κική μαζ _ ει κάτι τσάντες και ο Πάνος τεντ _ νει ένα σκοινί, για να δ _ σουν κάποια πράγματα στα ποδήλατα. Η Ρένα μαλ _ νει το Γιώργο, γιατί δε βοηθάει, και η θεία κατεβ _ νει από το δωμάτιο. Ο θείος είναι έξω και ποτ _ ζει τον κήπο, ενώ το μωρό ψαχουλ _ ει μια τσάντα.

Όλοι βγ _ νουν έξω και η θεία γυρ _ ζει το κλειδί και κλειδ _ νει το σπίτι.

✎ *Κλίνω τα παρακάτω ρήματα προσέχοντας τις καταλήξεις τους.*

φωτίζω

εγώ ________________
εσύ ________________
αυτός ________________
εμείς ________________
εσείς ________________
αυτοί ________________

μυρίζω

εγώ ________________
εσύ ________________
αυτός ________________
εμείς ________________
εσείς ________________
αυτοί ________________

θυμώνω

εγώ ____________

εσύ ____________

αυτός ____________

εμείς ____________

εσείς ____________

αυτοί ____________

τεντώνω

εγώ ____________

εσύ ____________

αυτός ____________

εμείς ____________

εσείς ____________

αυτοί ____________

πιστεύω

εγώ ____________

εσύ ____________

αυτός ____________

εμείς ____________

εσείς ____________

αυτοί ____________

κοντεύω

εγώ ____________

εσύ ____________

αυτός ____________

εμείς ____________

εσείς ____________

αυτοί ____________

πηγαίνω

εγώ ______________

εσύ ______________

αυτός ______________

εμείς ______________

εσείς ______________

αυτοί ______________

μπαίνω

εγώ ______________

εσύ ______________

αυτός ______________

εμείς ______________

εσείς ______________

αυτοί ______________

πλένω

εγώ ______________

εσύ ______________

αυτός ______________

εμείς ______________

εσείς ______________

αυτοί ______________

παραμένω

εγώ ______________

εσύ ______________

αυτός ______________

εμείς ______________

εσείς ______________

αυτοί ______________

Συνέντευξη μ' ένα μήλο, τον Αιμίλιο

Λέξεις και φράσεις που χρειάζονται προσοχή

συνέντευξη: ένας δημοσιογράφος πηγαίνει σε κάποιο πολύ γνωστό πρόσωπο (ή και όχι γνωστό, καμιά φορά) και του κάνει διάφορες ερωτήσεις σχετικά με τον εαυτό του, τη δουλειά του, τη ζωή του. Οι ερωτήσεις του δημοσιογράφου και οι απαντήσεις του προσώπου λέγονται με μία λέξη συνέντευξη.

Με άλλα λόγια το μάθημα

Ένας δημοσιογράφος έχει πάει να πάρει συνέντευξη από ένα διάσημο μήλο, τον Αιμίλιο.

Ο Αιμίλιος αρχίζει λέγοντας ότι είναι πολύ σπουδαίο μήλο, γιατί το σόι του κατάγεται από το διάσημο μήλο που είχε βοηθήσει το Νεύτωνα να σκεφτεί ένα πείραμα για το βάρος των πραγμάτων.

Του λέει, ακόμα, ότι ο ίδιος αλλά και όλα τα μήλα και τα κορόμηλα δε συμπαθούν καθόλου τους ανθρώπους, γιατί τα δαγκώνουν και τα τρώνε. Ο Αιμίλιος λέει, επίσης, ότι τα μήλα έχουν πολύ μυαλό, επειδή έχουν πολλά κουκούτσια, ενώ οι άνθρωποι, που δεν έχουν ούτε ένα κουκούτσι, δεν έχουν μυαλό.

Το δημοσιογράφο τον συμπαθεί, γιατί γράφει για τα μήλα, και του λέει να συνεχίσει έτσι και θα γίνει κι αυτός διάσημος.

Η συνέντευξη τελειώνει, γιατί ο Αιμίλιος θέλει να πάει με τη γυναίκα του, τη Λουντμίλα, στο σύλλογο των μήλων.

Η γραμματική του μαθήματος

Ένα από τα πιο γνωστά ρήματα της γλώσσας μας είναι το ρήμα **έχω.** Ας δούμε πώς κλίνεται στο **τώρα** και στο **χθες.**

τώρα		**χθες**	
εγώ	**έχω**	εγώ	**είχα**
εσύ	**έχεις**	εσύ	**είχες**
αυτός	**έχει**	αυτός	**είχε**
εμείς	**έχουμε (έχομε)**	εμείς	**είχαμε**
εσείς	**έχετε**	εσείς	**είχατε**
αυτοί	**έχουν**	αυτοί	**είχαν**

Όπως παρατηρείτε, όταν κλίνουμε το **έχω** στο τώρα, το πρόσωπο **εμείς** μπορούμε να το πούμε με δύο τρόπους:

έχουμε ή **έχομε.**

δημοσιογράφος: αυτός που εργάζεται σε εφημερίδα ή σε περιοδικό ή στην τηλεόραση ή στο ραδιόφωνο. Ο δημοσιογράφος, αφού μάθει πρώτα κάποιες ειδήσεις, μετά τις γράφει ή τις λέει, για να τις μάθουμε κι εμείς. Εκτός από αυτά, οι δημοσιογράφοι παίρνουν συνεντεύξεις ή κάνουν και έρευνες πάνω σε διάφορα θέματα.

εξαιρετικός: πάρα πολύ καλός, σπουδαίος.

Σημείωση
Για περισσότερες πληροφορίες αλλά και εξάσκηση μπορείτε να ανατρέξετε στο βιβλίο *Γραμματική Β΄ Δημοτικού* από τις εκδόσεις ΣΑΒΒΑΛΑ.

Γι' αυτό κι εσείς μπορείτε να χρησιμοποιείτε όποιον από τους δύο αυτούς τύπους θέλετε.

Εξάσκηση

✎ *Προσέχω το πρόσωπο που είναι γραμμένο σε κάθε σειρά και γράφω το αντίστοιχο. Αν είναι ένα, το κάνω πολλά, αν είναι πολλά, το κάνω ένα. Γράφω όπως στο παράδειγμα.*

εσύ	έχεις	**εσείς έχετε**
αυτοί	έχουν	______
εγώ	έχω	______
αυτή	έχει	______
αυτά	έχουν	______
εμείς	έχουμε	______

αυτό	είχε	______
εσύ	είχες	______
εμείς	είχαμε	______
αυτοί	είχαν	______
αυτή	είχε	______
εσείς	είχατε	______

✎ *Προσέχω το πρόσωπο που είναι γραμμένο σε κάθε σειρά και γράφω*

κατάγομαι: τη λέξη αυτή τη χρησιμοποιούμε σε δύο περιπτώσεις:
α) Όταν θέλουμε να πούμε από ποιον τόπο προερχόμαστε. π.χ. «**Κατάγομαι** από την Κρήτη.» Δηλαδή: «Εγώ, οι γονείς μου, οι παππούδες μου, όλοι είμαστε Κρητικοί. Μπορεί να μη γεννήθηκα σ' αυτόν τον τόπο ή μπορεί και να μη μένω εκεί, είναι όμως η πατρίδα όλης της οικογένειας, ο τόπος από τον οποίο προερχόμαστε».
β) Όταν θέλουμε να πούμε ότι κάποιο πρόσωπο προέρχεται από το σόι μας. π.χ. «**Κατάγομαι** από τον Κολοκοτρώνη.» Δηλαδή: «Κάποιος παππούς του παππού του παππού μου

ακριβώς το ίδιο πρόσωπο αλλά στον άλλο χρόνο του ρήματος. Γράφω όπως στο παράδειγμα.

εγώ	έχω	**εγώ είχα**
εμείς	είχαμε	______________
αυτός	έχει	______________
αυτές	έχουν	______________
εσύ	είχες	______________
εσείς	έχετε	______________
αυτοί	είχαν	______________
εσείς	έχετε	______________
εγώ	είχα	______________
αυτή	έχει	______________
εμείς	είχαμε	______________
αυτά	έχουν	______________

✎ *Συμπληρώνω τα κενά στις παρακάτω προτάσεις με τον κατάλληλο τύπο του ρήματος* ***έχω*** *(αλλά και* ***είχα****).*

– Εμείς ______________ ένα μεγάλο κήπο.
– Χθες ______________ τα γενέθλιά μου.
– Ο αδερφός μου ______________ ένα βιβλίο στο χέρι του.
– Πέρσι, εμείς ______________ πάει διακοπές σ' ένα νησί.

ήταν γιος ή ανιψιός του Κολοκοτρώνη». Ή: «Αν ζούσα εγώ τότε, θα ήμουν εγγονάκι του Κολοκοτρώνη».

Νεύτωνας: Ο Ισαάκ Νεύτωνας ήταν ένας Άγγλος επιστήμονας, που έζησε πριν από πολλά χρόνια. Βλέποντας κάποτε ένα μήλο να πέφτει από μια μηλιά, ο Νεύτωνας έβγαλε διάφορα συμπεράσματα για το βάρος των πραγμάτων.

δεν έχουν κουκούτσι μυαλό: δεν έχουν καθόλου μυαλό.

– Τι ______________ κρύψει στο χέρι σου;
– Δεν ______________ τίποτε άλλο να σου πω.
– Εσείς ______________ πάει για ψάρεμα προχθές;
– Αυτοί δεν ______________ φύγει ακόμα.
– Τι ______________ εσείς και δε μιλάτε;
– Πού ______________ πάει το πρωί;

Με τις λέξεις της καρτέλας γράφω προτάσεις

αρκετός

π.χ. Από το σπίτι που καιγόταν έβγαινε αρκετός καπνός.

____

____

αρκετά

π.χ. Έφαγα αρκετά και δε θέλω άλλο.

____

____

γυναίκα

π.χ. Μια γυναίκα τροχονόμος ρύθμιζε την κίνηση.

____

Σκέφτομαι και γράφω

Βιβ Λίο, η διάσημη επιστήμονας

Η Βιβ Λίο, η διάσημη επιστήμονας, έχει έρθει στην πόλη μας, για να δώσει μια ομιλία. Πριν από λίγο, τελείωσε η ομιλία της κι εμείς βρήκαμε την ευκαιρία να της πάρουμε μια συνέντευξη.

ΕΡΩΤΗΣΗ: Κυρία Βιβ Λίο, η ομιλία σας ήταν πολύ ενδιαφέρουσα. Μπορείτε να πείτε και για τους φίλους μας ποιο ήταν το θέμα της ομιλίας σας και γιατί το διαλέξατε;

ΑΠΑΝΤΗΣΗ: Ευχαριστώ για τα καλά σας λόγια. Το θέμα της ομιλίας μου ήταν το βιβλίο και το πόσο χρήσιμο είναι για όλους. Διάλεξα αυτό το θέμα, γιατί ήθελα να δείξω ότι πρέπει να αγαπάμε τα βιβλία, να τα διαβάζουμε και να μορφωνόμαστε.

ΕΡΩΤΗΣΗ: Μπορείτε να μας πείτε και κάποιες λεπτομέρειες;

ΑΠΑΝΤΗΣΗ: Βεβαίως! Όταν διαβάζουμε βιβλία, και ειδικά από μικρή ηλικία, από μικρά παιδιά δηλαδή, οι γνώσεις μας γίνονται πιο πολλές. Το λεξιλόγιό μας εμπλουτίζεται κι έτσι χρησιμοποιούμε περισσότερες λέξεις και φράσεις. Μαθαίνουμε να μιλάμε καλύτερα. Στο μυαλό μας έρχονται καινούρια πράγματα.

ΕΡΩΤΗΣΗ: Θα θέλατε να πείτε και κάτι άλλο στους μικρούς μας φίλους;

ΑΠΑΝΤΗΣΗ: Ναι! Θα ήθελα να πω στα παιδιά να διαβάζουν βιβλία. Να θεωρούν το βιβλίο φίλο τους, γιατί πραγματικά έχει πολλά να τους δώσει.

Σαν Γκουίνι, ο ολυμπιονίκης παλαιστής

Ο Σαν Γκουίνι, ο παλαιστής, μόλις πήρε το χρυσό μετάλλιο στους Ολυμπιακούς Αγώνες. Πήγαμε κοντά του για μια συνέντευξη.

ΕΡΩΤΗΣΗ: Σαν, μπράβο! Πες μας, πώς νιώθεις τώρα;

ΑΠΑΝΤΗΣΗ: Νιώθω πολύ ωραία. Είναι σημαντικό να βλέπεις τους κόπους σου να ανταμείβονται.

ΕΡΩΤΗΣΗ: Ήταν δύσκολος ο αγώνας;

ΑΠΑΝΤΗΣΗ: Ναι, ο αγώνας ήταν δύσκολος, γιατί ο αντίπαλος ήταν κι αυτός δυνατός.

ΕΡΩΤΗΣΗ: Πες μας, Σαν, ποιο είναι το μυστικό της επιτυχίας σου;

ΑΠΑΝΤΗΣΗ: Το μυστικό μου είναι το εξής: τρώω πολλά πορτοκάλια και πίνω πολλές πορτοκαλάδες. Τα πορτοκάλια έχουν βιταμίνες, που δυναμώνουν τον οργανισμό. Έτσι, γίνομαι γερός και υγιής.

ΕΡΩΤΗΣΗ: Νομίζεις ότι και τα παιδιά πρέπει να τρώνε πορτοκάλια και να πίνουν πορτοκαλάδες;

ΑΠΑΝΤΗΣΗ: Μα φυσικά! Γιατί, όπως είπα, τα πορτοκάλια έχουν βιταμίνες. Και τα παιδιά, που μεγαλώνουν τώρα και αναπτύσσονται, χρειάζονται αυτές τις βιταμίνες. Ο οργανισμός τους δυναμώνει κι έτσι δεν αρρωσταίνουν εύκολα. Γι’ αυτό, παιδιά, ακολουθήστε το παράδειγμά μου: να τρώτε πολλά πορτοκάλια και να πίνετε πολλές πορτοκαλάδες.

Καν Αρίνι, ο μελωδικός τραγουδιστής

Μόλις τελείωσε η συναυλία του τραγουδιστή Καν Αρίνι. Εμείς πήγαμε κοντά του, για να του πάρουμε μια συνέντευξη.

ΕΡΩΤΗΣΗ: Συγχαρητήρια, Καν. Τραγούδησες πολύ ωραία. Πώς αισθάνεσαι;

ΑΠΑΝΤΗΣΗ: Α! Ευχαριστώ για τα καλά σου λόγια. Αισθάνομαι καλά, γιατί ήταν μια υπέροχη συναυλία.

ΕΡΩΤΗΣΗ: Πες μας κάτι, Καν. Γιατί φοράς πάντα κίτρινα;

ΑΠΑΝΤΗΣΗ: Το κίτρινο είναι το χρώμα που μου ταιριάζει. Μου πηγαίνει πολύ και με κάνει πιο όμορφο. Και οι άνθρωποι με έχουν συνηθίσει να φοράω κίτρινα. Καμιά φορά, βέβαια, αλλάζω και βάζω πορτοκαλί.

ΕΡΩΤΗΣΗ: Πού οφείλεται η επιτυχία σου;

ΑΠΑΝΤΗΣΗ: Μα, φυσικά, στη φωνή μου. Είναι ένα χάρισμα που μου έδωσε η φύση.

ΕΡΩΤΗΣΗ: Τι γνώμη έχεις για τη Ρίνα Καρδέ;

ΑΠΑΝΤΗΣΗ: Είναι μια πάρα πολύ καλή τραγουδίστρια.

ΕΡΩΤΗΣΗ: Νομίζεις ότι θα μπορούσατε να τραγουδήσετε μαζί;

ΑΠΑΝΤΗΣΗ: Φυσικά. Αν βρεθούμε στον ίδιο χώρο, θα τραγουδήσουμε μαζί. Ο ένας θα παρασύρει τον άλλο κι έτσι θα ακουστούν πολύ όμορφα τραγούδια.

ΕΡΩΤΗΣΗ: Σ' ευχαριστώ πολύ, Καν Αρίνι. Θα ήθελες να μας πεις κάτι άλλο;

ΑΠΑΝΤΗΣΗ: Ναι. Θα ήθελα να πω σ' εσάς τους ανθρώπους να αγαπάτε τα πουλιά, γιατί γεμίζουν τη ζωή σας με μελωδία.

Χο Ρος, ο χορευτής που μαγεύει

Ο πασίγνωστος χορευτής Χο Ρος βρίσκεται στην πόλη μας, για να δώσει μερικές παραστάσεις χορού. Πριν από λίγο τελείωσε η πρώτη παράστασή του κι εμείς πήγαμε να του πάρουμε μια συνέντευξη.

ΕΡΩΤΗΣΗ: Τα συγχαρητήριά μας, κύριε Ρος. Χορέψατε καταπληκτικά. Και πάλι μας μαγέψατε. Πώς τα καταφέρνετε;

ΑΠΑΝΤΗΣΗ: Σας ευχαριστώ πολύ. Κοιτάξτε να σας πω. Όταν έχεις κάνει πολλή εξάσκηση και προπόνηση σε κάτι, τότε μπορείς να τα καταφέρεις καλά.

ΕΡΩΤΗΣΗ: Δηλαδή, όλα είναι ζήτημα προπόνησης;

ΑΠΑΝΤΗΣΗ: Ασφαλώς! Ό,τι κι αν κάνει κανείς, είτε χορό είτε κάποιο άθλημα είτε οτιδήποτε άλλο, θα πρέπει πρώτα να προπονηθεί και να εξασκηθεί καλά. Δεν μπορούμε να τα καταφέρουμε σε κάτι, αν πρώτα δεν εξασκηθούμε καλά.

ΕΡΩΤΗΣΗ: Θα μας πείτε και δυο λόγια για το χορό;

ΑΠΑΝΤΗΣΗ: Ο χορός είναι κάτι που ηρεμεί τον άνθρωπο. Μέσα από τις κινήσεις και τη μουσική ξεχνάς τον πραγματικό κόσμο και ταξιδεύεις σε έναν άλλο, δικό σου κόσμο. Κι όσο πιο πολύ χαίρεσαι αυτό το ταξίδι, τόσο πιο όμορφες και αρμονικές είναι οι κινήσεις σου.

ΕΡΩΤΗΣΗ: Θα μας πείτε και κάτι για τα παιδιά;

ΑΠΑΝΤΗΣΗ: Στα παιδιά θα ήθελα να πω να χορεύουν όσο μπορούν. Ο χορός τα κάνει να χαίρονται και να διασκεδάζουν.

Ο χρυσομπούρμπουλας

Λέξεις
και φράσεις
που χρειάζονται
προσοχή

χρυσομπούρμπουλας: χρυσοπράσινο έντομο, που μοιάζει με χοντρή μύγα. Το πάνω μέρος του σώματός του είναι σκληρό και βουίζει δυνατά όταν πετάει.

σκαθάρι: τα σκαθάρια είναι μια ομάδα εντόμων. Σχεδόν όλα έχουν το πάνω μέρος του σώματός τους σκληρό. Τα πιο πολλά είναι μαύρα. Έχουν έξι πόδια. Άλλα έχουν φτερά και άλλα όχι.

Με άλλα λόγια το μάθημα

Ένα αγόρι, ο Θύμιος, έχει πιάσει ένα χρυσομπούρμπουλα. Όταν τον έπιασε, τον έδεσε με κλωστή από το ένα ποδαράκι του. Μ' αυτόν τον τρόπο, ο χρυσομπούρμπουλας μπορεί να πετάει, αλλά και ο Θύμιος δεν τον χάνει, επειδή ο χρυσομπούρμπουλας πετάει όσο του επιτρέπει η κλωστή.

Ο Θύμιος τού τραγουδάει ένα τραγουδάκι, μα ο χρυσομπούρμπουλας δεν έχει κέφια για τραγούδια. Είναι σίγουρα στενοχωρημένος, γιατί είναι αιχμάλωτος. Προσπαθεί, λοιπόν, να ξεφύγει χτυπώντας δυ-

διάφανο: κάτι που αφήνει το φως να περάσει από μέσα του κι έτσι μπορούμε να δούμε τι υπάρχει από πίσω. Για παράδειγμα, το τζάμι είναι διάφανο, δηλαδή μπορούμε να δούμε τι υπάρχει πίσω από αυτό. Και το νερό είναι διάφανο. Μια λεπτή κουρτίνα είναι διάφανη. Ο τοίχος, όμως, δεν είναι διάφανος. Ούτε μια ξύλινη πόρτα.

μετάξι: πολύ λεπτό, απαλό και ακριβό ύφασμα. Τα ρούχα που κατασκευάζονται από μετάξι τα λέμε μεταξωτά. Είναι πάρα πολύ όμορφα και πολύ απαλά. Το μετάξι φτιάχνεται από το μεταξοσκώληκα.

νατά τα φτερά του. Και μάλιστα, δεν έχει δύο φτερά αλλά τέσσερα.

Ο Θύμιος καταλαβαίνει ότι δεν μπορεί να κρατάει αιχμάλωτο αυτό το έντομο και του υπόσχεται πως θα το ελευθερώσει. Πράγματι, αυτό κάνει, και ο καθένας πηγαίνει στην παρέα του.

Εξάσκηση

✎ *Κλίνω τα ρήματα **έχω** και **είχα**.*

	έχω		**είχα**
εγώ	__________	εγώ	__________
εσύ	__________	εσύ	__________
αυτός	__________	αυτός	__________
εμείς	__________	εμείς	__________
εσείς	__________	εσείς	__________
αυτοί	__________	αυτοί	__________

✎ *Διαβάζω προσεχτικά τις παρακάτω προτάσεις.*

Έχω δίκιο να θυμώνω.

Έχω δίκιο να απορώ.

Έχω άδικο που φωνάζω.

Έχω άδικο που γκρινιάζω.

Τι έχεις και τρέχεις;
Τι έχεις και μουτρώνεις;
Τι έχεις και βιάζεσαι;
Τι έχεις και ξύνεσαι;

Έχει από χτες να μας μιλήσει.
Έχει από χτες να κοιμηθεί.

Έχει μέρες να φανεί.
Έχει μέρες να τηλεφωνήσει.

✎ *Συμπληρώνω με δικά μου ρήματα τις παρακάτω προτάσεις. Προσέχω πού χρειάζεται ερωτηματικό.*

– Έχω δίκιο να ______
– Έχεις δίκιο που ______
– Έχω άδικο που ______
– Τι έχεις και ______
– Τι έχεις και ______
– Τι έχετε και ______
– Έχει από χτες να ______
– Έχουμε καιρό να ______
– Έχει μέρες να ______
– Έχουν χρόνια να ______

κοπριά: τα «κακά» των ζώων, και μάλιστα των μεγάλων, όπως είναι τα άλογα ή οι αγελάδες.

Με τις λέξεις της καρτέλας γράφω προτάσεις

αεροπλάνο

π.χ. Το αεροπλάνο πετάει πολύ γρήγορα.

κλωστή

π.χ. Ξηλώθηκε μια κλωστή από την μπλούζα μου.

φτερό

π.χ. Ο παπαγάλος έξυνε με το ράμφος το ένα φτερό του.

ζευγάρι

π.χ. Αγόρασα ένα καινούριο ζευγάρι παπούτσια.

παρέα

π.χ. Ο Γιώργος έπαιζε με άλλη παρέα.

Το μωρό μας

Λέξεις και φράσεις που χρειάζονται προσοχή

κλινική: η κλινική που αναφέρεται εδώ είναι ένα είδος νοσοκομείου, αλλά μόνο για τις γυναίκες που πρόκειται να γεννήσουν. Η κλινική αυτή λέγεται μαιευτική κλινική ή μαιευτήριο.

– Δύναμη που έχει το άθλιο!: εδώ, φυσικά, ο πατέρας δε βρίζει το μωρό. Είναι μια έκφραση θαυμασμού, σαν να έλεγε «...το άτιμο!» ή «...το μπαγάσικο!». Δηλαδή, ο πατέρας θαυμάζει τη δύναμη που έχει το μωρό.

Με άλλα λόγια το μάθημα

Στην οικογένεια ενός αγοριού προστέθηκε άλλο ένα μέλος: το αδερφάκι του. Πριν από λίγες μέρες, η μητέρα του αγοριού γέννησε ένα μωρό και τώρα έχουν έρθει στο σπίτι.

Όπως όλα τα μωρά, έτσι κι αυτό όλο κλαίει, τρώει και κοιμάται. Το αγόρι παραξενεύεται που κλαίει το μωρό και ο πατέρας του του εξηγεί ότι μόνο έτσι μπορεί να τους πει ότι πεινάει. Το μωρό δεν μπορεί ακόμα να μιλήσει.

Καμιά φορά, ο πατέρας βάζει το δάχτυλό του στην παλάμη του μωρού και αυτό του το σφίγγει. Τότε, ο πατέρας λέει ότι είναι ένα δυνατό μωρό. Το αγοράκι δεν καταλαβαίνει και λέει ότι ο ίδιος μπορεί να σφίξει το δάχτυλο του πατέρα πιο δυνατά. Ο πατέρας του, όμως, του εξηγεί ότι δεν είναι το ίδιο με το μωρό και ότι αυτός είναι μεγάλος και θα πάει στο νηπιαγωγείο.

Όταν είναι μόνα τους τα αδερφάκια, το αγόρι βάζει κι αυτό το δάχτυλό του στην παλάμη του μωρού.

Ερώτηση...

✎ *Διαβάζω προσεχτικά το μάθημα από τη* Γλώσσα μου *και γράφω αν το μωρό είναι αγόρι ή κορίτσι και από ποιο σημείο το καταλαβαίνω.*

Η γραμματική του μαθήματος

Ένα άλλο από τα πιο γνωστά ρήματα, ίσως το πιο γνωστό απ' όλα, είναι το ρήμα **είμαι.** Ας δούμε πώς κλίνεται στο τώρα.

τώρα	
εγώ	**είμαι**
εσύ	**είσαι**
αυτός	**είναι**
εμείς	**είμαστε**
εσείς	**είστε**
αυτοί	**είναι**

Αυτό που πρέπει να προσέχουμε είναι το εξής: Πολλές φορές, καθώς μιλάμε ή γράφουμε, λέμε «**εσείς είσαστε**». Αυτό, όμως, είναι λάθος.
Μην ξεχνάτε: μαζί με το **εσείς** πηγαίνει μόνο το **είστε.**

Εξάσκηση

✎ *Αλλάζω τις παρακάτω προτάσεις από το **εγώ** στο **εμείς,** από το **εσύ** στο **εσείς** και από το **αυτός** στο **αυτοί.** Δηλαδή, από το ένα πρόσωπο στα πολλά.*

– Εγώ είμαι μόνος μου στο δωμάτιο.

____

– Εσύ είσαι πάνω στην ταράτσα.

____

– Αυτός είναι στην παιδική χαρά.

____

– Πού είσαι και σε ψάχνω;

____

– Το παιδί είναι έξω και παίζει.

____

– Σήμερα είμαι πολύ χαρούμενη.

____

– Να είσαι κι εσύ μαζί μας απόψε.

____

✎ *Συμπληρώνω τον κατάλληλο τύπο του ρήματος* ***είμαι*** *στα κενά των παρακάτω προτάσεων.*

– ________ πολύ κουρασμένος σήμερα.

– Όλοι εσείς ________ καινούριοι στη γειτονιά.

– Αυτός ________ ο αρχηγός της ομάδας.

– Περιμένετε λίγο. Δεν ________ ακόμα έτοιμοι εμείς.

– Εσύ ________, Γιάννα;

– Τα παιδιά ________ μέσα στην τάξη.

Με τις λέξεις της καρτέλας γράφω προτάσεις

ότι

π.χ. Έμαθα ότι είσαι πολύ καλός παίκτης.

είμαι

π.χ. Είμαι χαρούμενος που θα πάμε εκδρομή.

είστε

π.χ. Είστε σίγουροι γι' αυτό που λέτε;

πολλές

π.χ. Στην πολυκατοικία μου μένουν πολλές οικογένειες.

✎ *Διαβάζω προσεχτικά τις παρακάτω προτάσεις.*

Είναι ώρα να πιεις το φάρμακό σου.

Είναι ώρα να μαζέψουμε τα πράγματα.

Είναι ώρα να βγούμε διάλειμμα.

Είναι ώρα για φαγητό.

Είναι ώρα που έχει φύγει.

Είναι ώρα που πέρασε από δω.

✎ *Συμπληρώνω με δικές μου λέξεις τις παρακάτω προτάσεις.*

Είναι ώρα να ________________

Είναι ώρα για ________________

Είναι ώρα που ________________

Σημείωση

Στην παραπάνω άσκηση, καθώς και σε άλλες παρόμοιες, πρέπει να αφήσετε **το παιδί να σκεφτεί και να εκφραστεί μόνο του** και όχι να του προσφέρετε έτοιμη την απάντηση. Μέσα από τη σκέψη και τον προβληματισμό θα έρθει η κατάκτηση του επιθυμητού αποτελέσματος. Και να θυμάστε ότι, αν το παιδί πει ή γράψει κάτι λάθος, εσείς πρέπει να το συμβουλεύσετε και να το διορθώσετε **ήπια και ενθαρρυντικά.**

Σκέφτομαι και γράφω

Στις 24 του μηνός η μαμά μου γέννησε ένα  :

το αδερφάκι μου. Όταν πήγα στην κλινική, το είδα για πρώτη φορά. Κοιμόταν σε μια 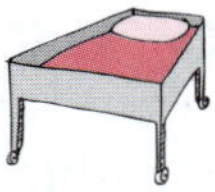 . Η μαμά μού είπε να μην κάνω φασαρία, για να μην ξυπνήσει. Ήταν η πρώτη φορά που έβλεπα ένα  στην πραγματικότητα.

Είχε μικρά  και μικρά 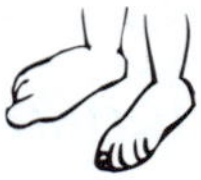 . Ήταν μια σταλιά. Ξαφνικά, άνοιξε τα  του. Με είδε και μου χαμογέλασε. Έβγαλε και μια φωνούλα. Η μαμά το πήρε 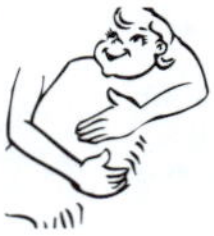 και μ' άφησε να το χαϊδέψω. Το  είχε πολλά μαύρα  .

Μετά από δύο μέρες, το αδερφάκι μου ήρθε στο  . Μέσα στην 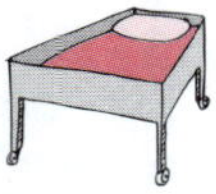 του είναι σαν μια μικρή, ζωντανή  . Είπα στη μαμά ότι το αδερφάκι μου θα το προσέχω και θα το φροντίζω.

Γράφω για ένα μωρό

Πριν από ένα χρόνο, η θεία μου γέννησε ένα μωρό. Ήταν κοριτσάκι και είναι η ξαδερφούλα μου.

Θυμάμαι που πρωτοείδα το μωρό στην κλινική, μα πιο πολύ το θυμάμαι όταν ήρθε στο σπίτι. Η θεία μένει κάτω από μας κι έτσι το έβλεπα κάθε μέρα.

Ήταν ένα τοσοδούλικο μωράκι. Η κούνια του φαινόταν τεράστια. Όταν έκλαιγε, η θεία το τάιζε γάλα από το στήθος της. Και έκλαιγε συχνά το μωράκι. Πολλές φορές, το άκουγα και τα βράδια.

Θυμάμαι, ακόμα, που καμιά φορά βοηθούσα τη θεία να του αλλάξει την πάνα.

Μου άρεσε, επίσης, να βλέπω την ξαδερφούλα μου όταν έκανε μπάνιο. Κουνούσε τα χεράκια της και τα ποδαράκια της και έκανε μούσκεμα τη θεία.

Η ξαδερφούλα μου ήταν ένα όμορφο μωράκι, με χαμογελαστό πρόσωπο και ξανθές μπουκλίτσες.

Οδυσσέας

Καλώς να 'ρθει

Με άλλα λόγια το μάθημα

Αυτό το ποιηματάκι είναι ένα καλωσόρισμα, θα λέγαμε, για όλα τα μωράκια.

Καλωσορίζουμε το μωράκι και δε μας νοιάζει αν θα είναι αγοράκι ή κοριτσάκι. Θα είναι ένα μωρό που θα έχει την ανάγκη μας και θα χρειάζεται την αγάπη, τη στοργή και τη φροντίδα μας.

Έρχεται στον κόσμο μας, που του είναι άγνωστος, και θα ήθελε να έχει δίπλα του όλα τα αγαπημένα πρόσωπα: τη μαμά, τον μπαμπά, τα αδέρφια του, τον παππού και τη γιαγιά.

Λέξεις και φράσεις που χρειάζονται προσοχή

Θα φτάσει απ' το άγνωστο: κάθε μωρό μεγαλώνει μέσα στην κοιλιά της μητέρας του και μετά γεννιέται. Μπορεί να γνωρίζουμε τον τρόπο που μεγαλώνει και γεννιέται ένα μωρό, όμως τους εννέα μήνες που το μωρό βρίσκεται μέσα στη μητέρα του είναι σαν να βρίσκεται σε άλλο κόσμο, άγνωστο για μας. Το μεγάλωμα και η γέννηση ενός μωρού είναι ένα θαύμα. Μέσα στη μητέρα του το μωρό μεγαλώνει με ηρεμία, γαλήνη και ασφάλεια, ακούγοντας την πιο γλυκιά μουσική: την καρδιά της μητέρας του, που χτυπάει.

το σπίτι μας, θερμή αγκαλιά: όλοι περιμένουμε με αγάπη το μωρό, κι έτσι το σπίτι θα είναι σαν μια μεγάλη, ζεστή αγκαλιά.

Όλοι, λοιπόν, στο σπίτι περιμένουμε το μωράκι που θα γεννηθεί, να το καλωσορίσουμε και να το αγκαλιάσουμε. Και το περιμένουμε με ανυπομονησία.

Η γραμματική του μαθήματος

Έχουμε μάθει ότι οι μονοσύλλαβες λέξεις δεν παίρνουν τόνο.
Έτσι και οι λεξούλες **θα** και **να**, αφού είναι μονοσύλλαβες, δεν παίρνουν τόνο.

Υπάρχει, όμως, μια ξεχωριστή περίπτωση, στην οποία αυτές οι δύο λέξεις παίρνουν τόνο: όταν είναι μαζί με τα ρήματα **μπω, βγω, βρω, 'ρθω.**

Προσέξτε τι γίνεται:

✓ Όταν θέλουμε να τονίσουμε πιο πολύ το **ρήμα,** τότε δε βάζουμε τόνο πουθενά.

<u>Παραδείγματα</u>

να **μπω**, να **βγω**, να **βρω**, να **'ρθω**

θα **μπω**, θα **βγω**, θα **βρω**, θα **'ρθω**

(είναι σαν να τονίζεται το ρήμα)

Σημείωση

Τη συγκεκριμένη αυτή περίπτωση θα τη διαβάσετε εσείς στο παιδί, χωρίς βιασύνη και καταναγκασμό αλλά με **ήρεμο και ευχάριστο τρόπο.** Με τη δική σας συνδρομή το παιδί θα καταλάβει καλύτερα το φαινόμενο αυτό, που είναι περισσότερο ζήτημα προφοράς. Όταν, λοιπόν, κατανοήσει προφορικά την αλλαγή αυτή του τονισμού, τότε να είστε σίγουροι ότι θα την εφαρμόσει σωστά και στο γραπτό του κείμενο.

✓ Όταν, όμως, θέλουμε να τονίσουμε πιο πολύ το **να** και το **θα,** τότε θα τους βάλουμε τόνο.

Παραδείγματα

νά μπω, **νά** βγω, **νά** βρω, **νά** 'ρθω

θά μπω, **θά** βγω, **θά** βρω, **θά** 'ρθω

Εξάσκηση

✎ *Διαβάζω προσεχτικά και τονίζω με τη φωνή μου σωστά αυτά που είναι γραμμένα με κόκκινο.*

– Πήγα **να βρω** ένα μολύβι.

– **Θά μπω** μέσα και θα σας πιάσω.

– Πότε **θα 'ρθω** κι εγώ να δω το γραφείο σου;

– Προσπάθησα **νά βγω,** αλλά δεν τα κατάφερα.

– Άνοιξα ένα παράθυρο, για **να μπω** από εκεί.

– Μπορώ **νά 'ρθω** μαζί σου;

– Θα ψάξω και **θά βρω** αυτό που θέλω.

– Κατάλαβα. Όταν έρθει η ώρα, **θα βγω** σιγά σιγά.

– Με θέλεις **να ’ρθω** κι εγώ;

– **Θά βγω** έξω και θα σας κυνηγήσω.

– Φώναξέ τον **νά ’ρθει** μέσα.

– Πάρ’ τον μαζί σου, **να βγει** λίγο έξω.

– **Θα βρει** αυτό που του είπα;

– Πες της, σε παρακαλώ, **νά μπει** στο σπίτι.

– Μη στενοχωριέσαι. **Θά ’ρθει** στην ώρα του.

Παιχνίδι με τα χώματα

Λέξεις και φράσεις που χρειάζονται προσοχή

μπουλντόζα: είναι ένα χωματουργικό μηχάνημα, όπως λέγεται, γιατί η δουλειά της είναι κυρίως με τα χώματα. Είναι μεγάλο όχημα, συνήθως σε κίτρινο χρώμα, με τεράστιες ρόδες. Έχει μόνο μία θέση, γι' αυτόν που την οδηγεί και τη χειρίζεται. Εκτός από το τιμόνι και τις ταχύτητες, έχει και διάφορους άλλους μοχλούς, για να ανεβοκατεβάζει την «κουτάλα» της. Αυτή είναι ένα μεγάλο εξάρτημα με «δόντια», που σκάβει, γεμίζει με χώμα και το αδειάζει.

Με άλλα λόγια το μάθημα

Σε κάποιο χωριό πρόκειται να ανοιχτεί ένας καινούριος δρόμος. Γι' αυτό, από νωρίς το πρωί βρίσκεται εκεί μια μπουλντόζα, που σκάβει το έδαφος και βγάζει στην άκρη τα χώματα, για να στρωθεί αργότερα η άσφαλτος.

Η μπουλντόζα κάνει πολύ θόρυβο και σηκώνει πολλή σκόνη. Ο χειριστής του μηχανήματος προσπαθεί να κάνει τη δουλειά του και η σκόνη κολλάει πάνω του.

Το απόγευμα, που βγήκαν τα παιδιά να παίξουν, είδαν ένα μεγάλο σωρό από χώματα. Η μπουλντόζα είχε σταματήσει από

χειριστής: αυτός που χειρίζεται κάτι, αυτός δηλαδή που ξέρει να δουλεύει ένα μηχάνημα ή ένα εργαλείο.

δαγκάνα: η «κουτάλα» της μπουλντόζας.

ορειβάτες: αθλητές που ανεβαίνουν πάνω στα βουνά. Φοράνε ειδικά μποτάκια, έχουν γάντζους και πολλά σκοινιά και προσπαθούν να ανέβουν στις κορυφές των βουνών. Το άθλημα αυτό λέγεται ορειβασία.

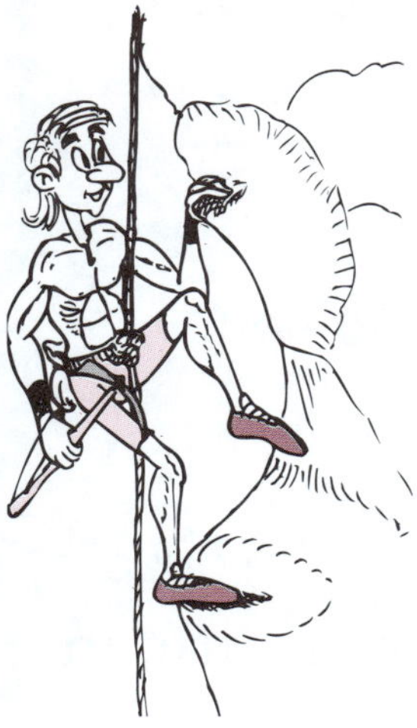

το μεσημέρι. Τα παιδιά κοιτούσαν το σωρό, πήγαιναν γύρω γύρω, μα δεν έκαναν τίποτα.

Ώσπου ένα παιδί, ο Παντελής, όρμησε πάνω στο σωρό και σιγά σιγά, αν και βούλιαζε στο μαλακό χώμα, ανέβηκε στην κορυφή. Αυτό ήταν. Μέσα σε μια στιγμή, όλα τα παιδιά βρέθηκαν εκεί πάνω κι έπαιζαν με τα χώματα.

Όλο το απόγευμα έπαιζαν εκεί. Μα όταν ήρθε η ώρα να φύγουν, είδαν ότι είχαν γίνει χάλια. Τι κι αν ξεσκονίστηκαν, τι κι αν πλύθηκαν στη βρυσούλα...

Τι θα γινόταν όταν γύριζαν στο σπίτι;

Η γραμματική του μαθήματος

Στο μάθημα αυτό μας δίνεται η ευκαιρία να γνωρίσουμε καλύτερα τα αρσενικά ουσιαστικά που τελειώνουν σε **-ης.**
Για να τα μελετήσουμε πιο καλά, θα τα χωρίσουμε σε δύο ομάδες: σ' αυτά που τονίζονται στο **-ής** και σ' αυτά που δεν τονίζονται στο **-ης.**

✓ σε -ής (με τόνο)

	Ενικός αριθμός		Πληθυντικός αριθμός	
Ονομαστική	ο	αθλητής	οι	αθλητές
Γενική	του	αθλητή	των	αθλητών
Αιτιατική	τον	αθλητή	τους	αθλητές
Κλητική	–	αθλητή	–	αθλητές

Όπως βλέπετε, εδώ ο τόνος παραμένει στην ίδια θέση παντού.

✓ σε -ης (χωρίς τόνο)

	Ενικός αριθμός		Πληθυντικός αριθμός	
Ονομαστική	ο	επιβάτης	οι	επιβάτες
Γενική	του	επιβάτη	των	επιβατών
Αιτιατική	τον	επιβάτη	τους	επιβάτες
Κλητική	–	επιβάτη	–	επιβάτες

Και εδώ ο τόνος παραμένει στη θέση του, μόνο που στη Γενική του Πληθυντικού κατεβαίνει στο **-ών.**

Στα αρσενικά ουσιαστικά που τελειώνουν σε **-ης** έχουμε ακόμα μία περίπτωση: τα ουσιαστικά που στη γραμματική τα ονομάζουμε **ανισοσύλλαβα**. Λέγονται έτσι επειδή δεν έχουν ίσες συλλαβές παντού. Στον Πληθυντικό έχουν μία συλλαβή παραπάνω. Προσέξτε:

Ενικός αριθμός	**Πληθυντικός αριθμός**
μπα-κά-λης	μπα-κά-λη-δες
3 συλλαβές	**4 συλλαβές**

Ας δούμε πώς κλίνονται.

	Ενικός αριθμός		Πληθυντικός αριθμός	
Ονομαστική	**ο**	μπακάλ**ης**	**οι**	μπακάληδ**ες**
Γενική	**του**	μπακάλ**η**	**των**	μπακάληδ**ων**
Αιτιατική	**τον**	μπακάλ**η**	**τους**	μπακάληδ**ες**
Κλητική	–	μπακάλ**η**	–	μπακάληδ**ες**

Και εδώ ο τόνος παραμένει στην ίδια θέση παντού.

Εξάσκηση

✎ *Κλίνω τα ουσιαστικά που ακολουθούν στους παρακάτω πίνακες.*

Σημείωση
Η κλίση των ουσιαστικών είναι ένα γνωστικό αντικείμενο που παρουσιάζει κάποιες δυσκολίες για τα παιδιά. Θα πρέπει, λοιπόν, πρώτα το παιδί να μελετήσει καλά τα παραδείγματα και μετά να κάνετε κι εσείς μερικά επιπλέον. Μην το δείτε σαν κόπο. Αν το παιδί δεν κατανοήσει από την αρχή ένα φαινόμενο, θα παρουσιάσει προβλήματα στη συνέχεια. Όταν έρθει η ώρα για την εξάσκηση, να είστε δίπλα στο παιδί και σε όποια δυσκολία συναντήσει να το **βοηθήσετε με ήπιο και ευχάριστο τρόπο.**

ο τραγουδιστής	Ενικός αριθμός	Πληθυντικός αριθμός
Ονομαστική		
Γενική		
Αιτιατική		
Κλητική		

ο παίκτης	Ενικός αριθμός	Πληθυντικός αριθμός
Ονομαστική		
Γενική		
Αιτιατική		
Κλητική		

ο ποιητής	Ενικός αριθμός	Πληθυντικός αριθμός
Ονομαστική		
Γενική		
Αιτιατική		
Κλητική		

ο μανάβης	Ενικός αριθμός	Πληθυντικός αριθμός
Ονομαστική		
Γενική		
Αιτιατική		
Κλητική		

✎ *Συμπληρώνω τις καταλήξεις των παρακάτω ουσιαστικών προσέχοντας τον τονισμό.*

ο	μαθητ____	των	μαθητ____
	διαβάτ____		διαβατ____
	χάρτ____		χαρτ____
	αθλητ____		αθλητ____
	παίκτ____		παικτ____
	ποιητ____		ποιητ____
	δικαστ____		δικαστ____
	ναύτ____		ναυτ____
	γυμναστ____		γυμναστ____
	ψεύτ____		ψευτ____

✎ *Διαβάζω προσεχτικά τα παρακάτω αρσενικά ουσιαστικά και τα γράφω στην κατάλληλη στήλη.*

τους επιβάτες, τον εργάτη, ο ράφτης, των καθηγητών, οι ασβέστες, τον μπακάλη, των τραγουδιστών, ο θεατής, του επιβάτη, οι εργάτες, των ραφτών, τον καθηγητή, τους θεατές, ο ασβέστης, των μπακάληδων, του τραγουδιστή, των θεατών

Ενικός αριθμός	Πληθυντικός αριθμός

✎ *Διαβάζω προσεχτικά τα παρακάτω αρσενικά ουσιαστικά μαζί με τα άρθρα τους και γράφω δίπλα την πτώση του καθενός και τον αριθμό του, όπως στα παραδείγματα.*

ο ποδηλάτης : **Ονομαστική, Ενικός αριθμός**

οι μανάβηδες : **Ονομαστική, Πληθυντικός αριθμός**

τους επιβάτες : ______

του παίκτη : ______

των αθλητών : ______

τον ψεύτη : ______

οι ράφτες : ______

του πελάτη : ______

τους παίκτες : ______

ο επιβάτης : ______

✎ *Γράφω για το καθένα από τα παρακάτω αρσενικά ουσιαστικά την αντίστοιχη πτώση του άλλου αριθμού, όπως στο παράδειγμα.*

του ποιητή	→	**των ποιητών**
______________	←	οι ψάλτες
τον καθηγητή	→	______________
του χάρτη	→	______________
______________	←	τους πολεμιστές
ο γλύπτης	→	______________
______________	←	των βιολιστών
τον αγρότη	→	______________

✎ *Γράφω φράσεις με τα παρακάτω ουσιαστικά βάζοντας το δεύτερο ουσιαστικό πρώτα στη Γενική του Ενικού και μετά στη Γενική του Πληθυντικού, όπως στο παράδειγμα.*

η φωλιά - ο σπουργίτης:

η φωλιά του σπουργίτη

η φωλιά των σπουργιτών

η ταυτότητα - ο πολίτης:

____

____

τα εργαλεία - ο αγρότης:

ο όρκος - ο στρατιώτης:

τα φρούτα - ο μανάβης:

τα λόγια - ο προφήτης:

το ψωμί - ο φούρναρης:

ο δίσκος - ο καφετζής:

Σκέφτομαι και γράφω

Διαβάζω προσεχτικά την παρακάτω ιστορία.

Κάποια στιγμή, τα  τελείωσαν το παιχνίδι τους με τα  και είδαν ότι ήταν λερωμένα. Παρ' όλο που πλύθηκαν σε μια , οι βρωμιές δεν έφυγαν. Τι να κάνουν, λοιπόν; Γύρισαν στα  τους βρώμικα.

Όταν τα είδαν έτσι οι γονείς τους, τα μάλωσαν λιγάκι, μα πιο πολύ , γιατί ήταν όλα τους αστεία μ' αυτές τις μουντζούρες.

Τα παιδιά έβγαλαν τα  και τα  τους και πήγαν κατευθείαν να κάνουν 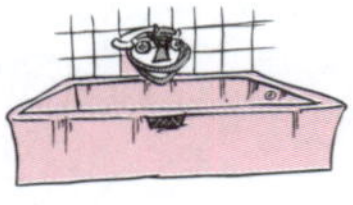. Όταν πλύθηκαν και έφυγαν από πάνω τους τα , έγιναν ξανά όμορφα και καθαρά, όπως ήταν πριν.

Τι έγινε όταν τα παιδιά πήγαν στα σπίτια τους;

Τα παιδιά έπαιζαν με τα χώματα όλο το απόγευμα. Χωρίς, όμως, να το καταλάβουν, είχαν γίνει χάλια. Τα ρούχα τους, τα παπούτσια τους, οι κάλτσες τους, τα πρόσωπά τους, όλα είχαν λερωθεί από χώματα.

Έτσι, λοιπόν, όταν σταμάτησαν το παιχνίδι και είδαν πώς είχαν γίνει, πήγαν να πλυθούν σε μια βρυσούλα. Παρά το πλύσιμο και το ξεσκόνισμα, δεν έγινε τίποτα. Γι' αυτό, ήταν ανήσυχα και φοβισμένα καθώς γύριζαν στα σπίτια τους.

Κάποιες μητέρες, βλέποντας τα παιδιά τους, τα μάλωσαν γιατί λέρωσαν τα καθαρά ρούχα που μόλις είχαν φορέσει.

Κάποιες άλλες μητέρες δεν τους έβαλαν τις φωνές, γιατί τα παιδιά ήταν ένα πολύ αστείο θέαμα έτσι όπως είχαν μουντζουρωθεί.

Ό,τι και να 'γινε, όμως, όλες οι μητέρες έβγαλαν τα βρώμικα ρούχα των παιδιών και τα πήγαν για μπάνιο.

Μετά το μπάνιο, λοιπόν, τα παιδιά ξανάγιναν τα καθαρά και σκανταλιάρικα αγγελούδια που ήταν πριν.

Έφη

Ο μουσικός του μουσείου

Λέξεις και φράσεις που χρειάζονται προσοχή

μουσείο: κτίριο με πολλές αίθουσες, μέσα στις οποίες φυλάγονται αρχαία αγάλματα, αρχαία αντικείμενα, ζωγραφικοί πίνακες και άλλα. Το Εθνικό Μουσείο βρίσκεται στην Αθήνα και μπορεί κανείς να θαυμάσει σ' αυτό αρχαία αγάλματα και αντικείμενα.

περικεφαλαίες: κράνη που φορούσαν οι αρχαίοι πολεμιστές όταν πολεμούσαν,

Με άλλα λόγια το μάθημα

Ένα κοριτσάκι, η Έφη, είχε πάει με τη μητέρα του στο Εθνικό Μουσείο, για να δουν τα αγάλματα και διάφορα άλλα πράγματα που είχαν φτιάξει οι αρχαίοι Έλληνες.

Πριν μπουν μέσα, η μητέρα εξήγησε στην Έφη ότι δεν πρέπει να πιάνει τίποτα αλλά μόνο να κοιτάζει.

Μπαίνοντας στο μουσείο, η Έφη έμεινε κατάπληκτη απ' όλα αυτά που είδε. Ένα σωρό πράγματα που φτιάχτηκαν εδώ και τρεις χιλιάδες χρόνια.

Ξαφνικά, η Έφη είδε ένα γνωστό της αγαλματάκι: έναν μουσικό, που τον ήξερε από μια φωτογραφία του ημερολογίου της. Αμέσως έτρεξε κοντά του, για να τον δει. Ήταν καθιστός και έπαιζε μια άρπα που είχε στα γόνατά του. Κοντά στην Έφη ήταν κι άλλοι επισκέπτες του μουσείου, που κοίταζαν το αγαλματάκι.

Όταν γύρισε στο σπίτι της, η Έφη άνοιξε το ημερολόγιό της στη φωτογραφία του μουσικού και του είπε ότι επιτέλους τον βρήκε.

για να προστατεύουν το κεφάλι τους. Οι περικεφαλαίες είχαν διάφορα σχέδια.

αγγεία: μικρά ή μεγάλα δοχεία που έφτιαχναν οι αρχαίοι, για να βάζουν μέσα το κρασί τους ή το λάδι τους ή κάτι άλλο. Τα έφτιαχναν από πηλό (χώμα ανακατεμένο με νερό), ο οποίος έπαιρνε ό,τι σχήμα του έδιναν. Γι' αυτό και τα λέμε

Η γραμματική του μαθήματος

Εδώ θα γνωρίσουμε τα θηλυκά ουσιαστικά που τελειώνουν σε **-ά** και σε **-ή**. Θα τα χωρίσουμε σε δύο ομάδες: σ' αυτά που τονίζονται στην τελευταία συλλαβή και σ' αυτά που δεν τονίζονται εκεί.

✓ σε -ά (με τόνο)

	Ενικός αριθμός		Πληθυντικός αριθμός	
Ονομαστική	**η**	καρδι**ά**	**οι**	καρδι**ές**
Γενική	**της**	καρδι**άς**	**των**	καρδι**ών**
Αιτιατική	**την**	καρδι**ά**	**τις**	καρδι**ές**
Κλητική	**–**	καρδι**ά**	**–**	καρδι**ές**

Εδώ ο τόνος μένει παντού στην ίδια θέση.

✓ **σε -α (χωρίς τόνο)**

	Ενικός αριθμός		Πληθυντικός αριθμός	
Ονομαστική	η	ώρα	οι	ώρες
Γενική	της	ώρας	των	ωρών
Αιτιατική	την	ώρα	τις	ώρες
Κλητική	–	ώρα	–	ώρες

πήλινα αγγεία. Για να είναι όμορφα, τα ζωγράφιζαν απέξω.

Και εδώ ο τόνος παραμένει στην ίδια θέση, εκτός από τη Γενική του Πληθυντικού, όπου κατεβαίνει στην τελευταία συλλαβή **(-ών).**

Ας δούμε τώρα πώς κλίνονται τα θηλυκά ουσιαστικά που τελειώνουν σε **-η,** με τόνο ή χωρίς τόνο.

✓ **σε -ή (με τόνο)**

	Ενικός αριθμός		Πληθυντικός αριθμός	
Ονομαστική	η	αρχή	οι	αρχές
Γενική	της	αρχής	των	αρχών
Αιτιατική	την	αρχή	τις	αρχές
Κλητική	–	αρχή	–	αρχές

Εδώ ο τόνος μένει παντού στην ίδια θέση.

✓ σε -η (χωρίς τόνο)

	Ενικός αριθμός		Πληθυντικός αριθμός	
Ονομαστική	η	τέχνη	οι	τέχνες
Γενική	της	τέχνης	των	τεχνών
Αιτιατική	την	τέχνη	τις	τέχνες
Κλητική	–	τέχνη	–	τέχνες

Και εδώ ο τόνος μένει στην ίδια θέση, εκτός από τη Γενική του Πληθυντικού, όπου κατεβαίνει στην τελευταία συλλαβή **(-ών).**

άρπα: μεγάλο μουσικό όργανο με χορδές. Έχει περίπου τριγωνικό σχήμα και ο μουσικός παίζει με τα δάχτυλά του τις χορδές.

Εξάσκηση

✎ *Κλίνω μέσα στους πίνακες τα παρακάτω ουσιαστικά.*

η ουρά	Ενικός αριθμός	Πληθυντικός αριθμός
Ονομαστική		
Γενική		
Αιτιατική		
Κλητική		

η λίμνη	Ενικός αριθμός	Πληθυντικός αριθμός
Ονομαστική		
Γενική		
Αιτιατική		
Κλητική		

η ημέρα	Ενικός αριθμός	Πληθυντικός αριθμός
Ονομαστική		
Γενική		
Αιτιατική		
Κλητική		

η αυλή	Ενικός αριθμός	Πληθυντικός αριθμός
Ονομαστική		
Γενική		
Αιτιατική		
Κλητική		

✎ *Διαβάζω προσεχτικά τα παρακάτω θηλυκά ουσιαστικά και τα γράφω στην κατάλληλη στήλη.*

της σειράς, τις βροχές, οι φωλιές, τη ζώνη, της φίλης, των εικόνων, η χελώνα, των φωνών, της βροχής, των ζωνών, οι σειρές, τη φωνή, η εικόνα, τις φίλες, οι χελώνες, της φωλιάς

Ενικός αριθμός	Πληθυντικός αριθμός
________________	________________
________________	________________
________________	________________
________________	________________
________________	________________
________________	________________
________________	________________
________________	________________

✎ *Γράφω το άρθρο **η** ή **οι** στα κενά των παρακάτω προτάσεων.*

– ______ τηλεόραση και ______ εφημερίδες μάς λένε τα νέα.

– Μας φώναξαν ______ γονείς και ______ γιαγιά της Πόπης.

– Ήρθε ______ καινούρια κουζίνα και ______ άλλες ηλεκτρικές συσκευές.

– ______ Σίντι και ______ Μπάρμπι είναι ______ κούκλες που μ’ αρέσουν.

– ______ σταγόνες της βροχής και ______ υγρασία μούσκεψαν τα πάντα.

– Φάνηκαν ______ κορυφές των βουνών και ______ μεγάλη χαράδρα.

– ______ κακοκαιρία και ______ βροχές θα συνεχιστούν.

– Ήρθε ______ Μαίρη και ______ φίλες της.

✎ *Γράφω για το καθένα από τα παρακάτω θηλυκά ουσιαστικά την αντίστοιχη πτώση του άλλου αριθμού, όπως στο παράδειγμα.*

η μηλιά	**οι μηλιές**
______________	τις προσευχές
______________	των μητέρων
τη στιγμή	______________
της κεραίας	______________
______________	οι γλώσσες
την αδερφή	______________
της εικόνας	______________
______________	τις τύχες
της βρύσης	______________

✎ *Διαβάζω προσεχτικά τα θηλυκά ουσιαστικά μαζί με τα άρθρα τους και γράφω δίπλα την πτώση και τον αριθμό του καθενός, όπως στο παράδειγμα.*

της γραμμής : **Γενική, Ενικός αριθμός**

των παγίδων : ______

η φράουλα : ______

τις κούκλες : ______

οι χορδές : ______

την τροφή : ______

της τέχνης : ______

τις πιτζάμες : ______

✎ *Γράφω φράσεις με τα παρακάτω ουσιαστικά, βάζοντας το δεύτερο ουσιαστικό πρώτα στη Γενική του Ενικού και μετά στη Γενική του Πληθυντικού, όπως στο παράδειγμα.*

οι σταγόνες - η βροχή:

οι σταγόνες της βροχής

οι σταγόνες των βροχών

το ύψος - η κεραία:

______

______

τα νερά - η λίμνη:

η γραμματική - η γλώσσα:

τα κλειδιά - η πόρτα:

η κούραση - η εργασία:

τα μυστικά - η τέχνη:

η χαρά - η νίκη:

τα σύνορα - η χώρα:

Σκέφτομαι και γράφω

Ένας ζωγραφικός πίνακας

Μια μέρα της προηγούμενης εβδομάδας, ενώ ήμουν στο δωμάτιό μου κι έπαιζα, άκουσα τη μαμά και τον μπαμπά να με φωνάζουν. Πήγα και τους βρήκα στο γραφείο του μπαμπά. Είχαν ανοίξει τον ηλεκτρονικό υπολογιστή και με περίμεναν.

Ο μπαμπάς με πήρε στην αγκαλιά του, μου έδειξε ένα μικρό δισκάκι, ένα σι ντι, και μου είπε ότι αυτό είναι για κάτι που μου αρέσει πάρα πολύ να κάνω.

Έβαλε το δισκάκι σ' ένα μικρό συρτάρι του υπολογιστή και μετά από λίγο άρχισαν να εμφανίζονται στην οθόνη ένα σωρό ζωγραφικοί πίνακες. Ο μπαμπάς πατούσε ένα κουμπί και εμφανίζονταν στην οθόνη διάφοροι πίνακες ζωγραφικής. Πρώτη φορά έβλεπα τόσους πολλούς πίνακες. Κι επειδή η ζωγραφική είναι αυτό που μου αρέσει πολύ, κοιτούσα σαν μαγεμένη.

Απ' όλους τους πίνακες που είδα, ένας μου άρεσε πιο πολύ. Ήταν ένας πίνακας που έδειχνε ένα κοριτσάκι, περίπου στην ηλικία μου. Φορούσε ένα ροζ φόρεμα και καθόταν σε μια καρέκλα. Με το ένα χέρι κρατούσε ένα βιβλίο και είχε το δάχτυλο σε μια σελίδα. Με το άλλο χέρι έπαιζε με μια τούφα από τα μαλλιά του. Είχε ανασηκώσει λίγο το κεφάλι και κοιτούσε προς τα πέρα. Δε φαινόταν τι ακριβώς κοιτούσε, αλλά εμένα μου έδινε την εντύπωση ότι προσπαθούσε να μάθει απέξω κάτι από το βιβλίο.

Ο πίνακας ήταν πολύ καθαρός, σαν να ήταν φωτογραφία. Μου άρεσε τόσο πολύ, που αργότερα πήγα να τον ζωγραφίσω κι εγώ.

Αθανασία

Σημείωση
Ο πίνακας στον οποίο αναφέρεται το Σκέφτομαι και γράφω είναι «Η αποστήθιση» του Νικόλαου Γύζη.

Ένα άγαλμα

Το καλοκαίρι που μας πέρασε, είχα επισκεφθεί μαζί με τους γονείς μου την Αρχαία Ολυμπία. Σ' αυτή την τοποθεσία οι αρχαίοι μας πρόγονοι έκαναν τους Ολυμπιακούς Αγώνες.

Το πρώτο μέρος που πήγαμε να δούμε ήταν το μουσείο που υπάρχει εκεί. Μέσα σ' αυτό φυλάγονται όσα αντικείμενα βρέθηκαν από τους αρχαιολόγους. Περνώντας από αίθουσα σε αίθουσα και βλέποντας τα διάφορα αρχαία, φτάσαμε και σε μια αίθουσα που ήταν τεράστια. Όπως μου είπε η μαμά, αυτή η αίθουσα είχε φτιαχτεί στο ίδιο μέγεθος με το ναό του Δία, ενός αρχαίου θεού.

Εκεί υπήρχαν πολλά αγάλματα. Εκείνο που μου έκανε τη μεγαλύτερη εντύπωση ήταν το άγαλμα ενός κένταυρου που είχε αρπάξει μια κοπέλα. Ο κένταυρος είχε σώμα αλόγου και από τη μέση και πάνω ήταν άνθρωπος. Η κοπέλα που βρισκόταν φυλακισμένη στα χέρια του ζητούσε βοήθεια και προσπαθούσε να ξεφύγει.

Μου έκανε εντύπωση αυτό το άγαλμα, γιατί μου φάνηκε ότι ήταν έτοιμοι και οι δύο να κινηθούν. Ήταν φτιαγμένο με τόση τέχνη, που φαινόταν σαν αληθινό. Η κοπέλα έλεγες ότι θα φωνάξει και θ' ακουστεί. Ο κένταυρος έλεγες ότι θα περπατήσει. Η εικόνα τους μου έχει μείνει ζωντανή μες στο μυαλό.

Αντρέας

Τηλέφωνο με σπιρτόκουτα (1)

Με άλλα λόγια το μάθημα

Ο Λεωνίδας και η Ρηνούλα είναι αδέρφια. Κάποια μέρα, τους χάλασε το τηλέφωνο και οι γονείς τους φώναξαν έναν τεχνικό για να το φτιάξει.

Καθώς ο τεχνικός έκανε τη δουλειά του, τα δυο αδέρφια κοίταζαν με πολύ ενδιαφέρον. Όταν τελείωσε, του είπαν ότι θα ήθελαν να είχαν ένα δικό τους τηλέφωνο, για να παίζουν.

Ο τεχνικός τούς ζήτησε να του φέρουν μια κλωστή, μια βελόνα και δύο σπιρτόκουτα. Άδειασε τα σπιρτόκουτα και κράτησε μόνο τα δύο «συρταράκια» τους. Πέρασε από τον πάτο τους την κλωστή, με τη βοήθεια της βελόνας, και την άκρη της κλωστής την έδεσε σ' ένα σπίρτο. Έτσι, τα δύο κουτάκια ενώθηκαν μεταξύ τους με την κλωστή. Ο τεχνικός έδωσε το ένα στη Ρηνούλα και το άλλο στο Λεωνίδα και τους είπε να απομακρυνθούν, μέχρι να τεντωθεί η κλωστή.

Τι έγινε μετά; Θα το μάθετε στο επόμενο μάθημα...

Η γραμματική του μαθήματος

Εδώ θα γνωρίσουμε τα ουδέτερα ουσιαστικά που τελειώνουν σε **-ο.** Θα τα χωρίσουμε σε δύο ομάδες: σ' αυτά που έχουν τόνο στο **-ό** και σ' αυτά που δεν έχουν.

✓ **σε -ό (με τόνο)**

	Ενικός αριθμός		Πληθυντικός αριθμός	
Ονομαστική	**το**	νερ**ό**	**τα**	νερ**ά**
Γενική	**του**	νερ**ού**	**των**	νερ**ών**
Αιτιατική	**το**	νερ**ό**	**τα**	νερ**ά**
Κλητική	**–**	νερ**ό**	**–**	νερ**ά**

Εδώ ο τόνος μένει παντού στην ίδια θέση.

✓ **σε -ο (χωρίς τόνο)**

	Ενικός αριθμός		Πληθυντικός αριθμός	
Ονομαστική	**το**	κέντρ**ο**	**τα**	κέντρ**α**
Γενική	**του**	κέντρ**ου**	**των**	κέντρ**ων**
Αιτιατική	**το**	κέντρ**ο**	**τα**	κέντρ**α**
Κλητική	–	κέντρ**ο**	–	κέντρ**α**

Και εδώ ο τόνος μένει παντού στην ίδια θέση.

Εξάσκηση

✎ *Κλίνω μέσα στους πίνακες τα παρακάτω ουσιαστικά.*

το φρένο	Ενικός αριθμός	Πληθυντικός αριθμός
Ονομαστική		
Γενική		
Αιτιατική		
Κλητική		

το φαγητό	Ενικός αριθμός	Πληθυντικός αριθμός
Ονομαστική		
Γενική		
Αιτιατική		
Κλητική		

το κόλπο	Ενικός αριθμός	Πληθυντικός αριθμός
Ονομαστική		
Γενική		
Αιτιατική		
Κλητική		

το χωριό	Ενικός αριθμός	Πληθυντικός αριθμός
Ονομαστική		
Γενική		
Αιτιατική		
Κλητική		

✎ *Διαβάζω την Ονομαστική του Ενικού αριθμού και γράφω τις άλλες δύο πτώσεις που ζητάει η άσκηση.*

Ονομαστική Ενικού	**Γενική Ενικού**	**Γενική Πληθυντικού**
το φτερό	__________	__________
το δώρο	__________	__________
το φορτηγό	__________	__________
το σχολείο	__________	__________
το βουνό	__________	__________
το δοχείο	__________	__________
το πιάτο	__________	__________
το κιλό	__________	__________

✎ *Ξεχωρίζω τα ρήματα από τα ουδέτερα ουσιαστικά και τα γράφω στην κατάλληλη στήλη, όπως στο παράδειγμα.*

~~τηλέφωνο~~, ~~τηλεφωνώ~~, κουρεύω, πιάνο, πυροβολώ, δώρο, κυνηγητό, σήκω, λινό, κουρείο, δωρίζω, σύκο, πυροβόλο, λύνω, κυνηγώ, πιάνω

ουσιαστικά	**ρήματα**
το τηλέφωνο	**εγώ τηλεφωνώ**
	εσύ

Τηλέφωνο με σπιρτόκουτα (2)

Λέξεις και φράσεις που χρειάζονται προσοχή

κύματα αέρα: όλοι γνωρίζουμε τα κύματα του νερού. Αλλά και στον αέρα σχηματίζονται κύματα, τα οποία δε φαίνονται. Για να καταλάβετε πιο καλά τα κύματα του αέρα, σκεφτείτε το εξής: Όταν ζεσταίνεστε και κάνετε «αέρα» με μια βεντάλια, τι συμβαίνει; Σας έρχεται αέρας στο πρόσωπο, ενώ πριν δε συνέβαινε αυτό. Τι έγινε, λοιπόν; Η βεντάλια σπρώχνει τον αέρα που βρίσκεται μπροστά σας και δημιουργεί κύματα,

Με άλλα λόγια το μάθημα

Να, λοιπόν, τι έγινε με τα σπιρτόκουτα και την τεντωμένη κλωστή. Ο Λεωνίδας έβαλε το δικό του σπιρτόκουτο στο στόμα κι άρχισε να μιλάει. Την ίδια στιγμή, η Ρηνούλα είχε το δικό της στο αυτί της και άκουγε τα λόγια του Λεωνίδα. Μετά έκαναν το ανάποδο.

Ο τεχνικός τούς εξήγησε ότι η τεντωμένη κλωστή «κουβαλούσε» σαν κύμα τη φωνή του καθενός και τη μετέφερε από το ένα κουτί στο άλλο.

Τους εξήγησε, ακόμα, ότι το ίδιο περίπου γίνεται και όταν μιλάμε. Από μέσα μας βγαίνει αέρας. Κάθε γράμμα που σχηματίζεται στο στόμα μας κάνει το δικό του κύμα στον αέρα κι έτσι φτάνει σαν κύμα στα αυτιά του καθενός.

Τα παιδιά ευχαριστήθηκαν που έμαθαν κάποια καινούρια πράγματα και που απόκτησαν ένα νέο παιχνίδι. Αλλά και ο τεχνικός ήταν χαρούμενος που τελείωσε τη δουλειά του.

που σας «χτυπούν» και σας δροσίζουν. Μόνο που από τη βεντάλια δε βγαίνει ήχος. Το ίδιο γίνεται και με τη φωνή μας. Ο αέρας βγαίνει από μέσα μας, «ταξιδεύει» σαν κύμα και φτάνει στα αυτιά των άλλων. Αυτά τα κύματα του αέρα, που δε φαίνονται, μας μεταφέρουν τους ήχους.

Η γραμματική του μαθήματος

Εδώ θα γνωρίσουμε κάποια άλλα ουδέτερα ουσιαστικά: αυτά που τελειώνουν σε **-ι**. Θα τα χωρίσουμε σε δύο ομάδες: σ' αυτά που έχουν τόνο στο **-ί** και σ' αυτά που δεν έχουν.

✓ **σε -ί (με τόνο)**

	Ενικός αριθμός		Πληθυντικός αριθμός	
Ονομαστική	το	κλειδί	τα	κλειδιά
Γενική	του	κλειδιού	των	κλειδιών
Αιτιατική	το	κλειδί	τα	κλειδιά
Κλητική	–	κλειδί	–	κλειδιά

Εδώ ο τόνος μένει παντού στην ίδια θέση.

✓ σε -ι (χωρίς τόνο)

	Ενικός αριθμός		Πληθυντικός αριθμός	
Ονομαστική	το	μολύβι	τα	μολύβια
Γενική	του	μολυβιού	των	μολυβιών
Αιτιατική	το	μολύβι	τα	μολύβια
Κλητική	–	μολύβι	–	μολύβια

Και εδώ ο τόνος μένει στη θέση του, εκτός από τις δύο Γενικές, του Ενικού και του Πληθυντικού, όπου κατεβαίνει στην τελευταία συλλαβή.

Εξάσκηση

✎ *Κλίνω μέσα στους πίνακες τα παρακάτω ουσιαστικά.*

το βιολί	Ενικός αριθμός	Πληθυντικός αριθμός
Ονομαστική		
Γενική		
Αιτιατική		
Κλητική		

το καράβι	Ενικός αριθμός	Πληθυντικός αριθμός
Ονομαστική		
Γενική		
Αιτιατική		
Κλητική		

79

το κρασί	Ενικός αριθμός	Πληθυντικός αριθμός
Ονομαστική		
Γενική		
Αιτιατική		
Κλητική		

το σημάδι	Ενικός αριθμός	Πληθυντικός αριθμός
Ονομαστική		
Γενική		
Αιτιατική		
Κλητική		

✎ *Συμπληρώνω τις καταλήξεις των παρακάτω ουδέτερων ουσιαστικών.*

του:
- πουλ_____
- καλαθ_____
- χερ_____
- λαδ_____
- καραβ_____
- κρασ_____
- χελιδον_____
- κουμπ_____
- τραπεζ_____
- χαρτ_____

των:
- πουλ_____
- καλαθ_____
- χερ_____
- λαδ_____
- καραβ_____
- κρασ_____
- χελιδον_____
- κουμπ_____
- τραπεζ_____
- χαρτ_____

✎ *Διαβάζω προσεχτικά τις παρακάτω προτάσεις και τις ξαναγράφω, αλλάζοντας μόνο το κόκκινο ουσιαστικό και βάζοντάς το στον άλλο αριθμό και, φυσικά, στην αντίστοιχη πτώση, όπως στο παράδειγμα.*

Το σπάσιμο **του νυχιού** την πόνεσε πολύ.

Το σπάσιμο των νυχιών την πόνεσε πολύ.

Το χρώμα **των χελιδονιών** είναι άσπρο και μαύρο.

____

Η γεύση **του κρασιού** ήταν πολύ καλή.

____

Οι φλόγες **των κεριών** έσβηναν σιγά σιγά.

____

Οι εργάτες **του λιμανιού** έκαναν απεργία.

____

✎ *Γράφω φράσεις με τα παρακάτω ουσιαστικά, βάζοντας το δεύτερο ουσιαστικό πρώτα στη Γενική του Ενικού και μετά στη Γενική του Πληθυντικού, όπως στο παράδειγμα.*

οι υπάλληλοι - το γραφείο:

οι υπάλληλοι του γραφείου

οι υπάλληλοι των γραφείων

το πέταγμα - το γεράκι:

___

___

τα δόντια - το κλειδί:

___

___

το άνοιγμα - το μπουκάλι:

___

___

οι ρόδες - το φορτηγό:

___

___

το στρώσιμο - το κρεβάτι:

___

___

οι εικόνες - το βιβλίο:

___

___

το γέμισμα - το βαρέλι:

___

___

Η μουντζούρα της σελίδας εννιά

Λέξεις και φράσεις που χρειάζονται προσοχή

κουκκίδες: πολύ μικρές τελίτσες, μικρά σημαδάκια που κάνουμε με ένα μολύβι ή με κάποιο άλλο μυτερό αντικείμενο.

κακοκαρδίζουν: στενοχωρεί ο ένας τον άλλο.

Θα του κακοφαινόταν: δε θα του άρεσε αυτό και μπορεί να παρεξηγιόταν.

Με άλλα λόγια το μάθημα

Ένα κορίτσι, η Λιλή, έγραφε πάνω στο βιβλίο κάποια άσκηση. Για μια στιγμή, όμως, δεν πρόσεξε και έκανε μια μουντζούρα πάνω στη σελίδα που έγραφε. Ήταν η σελίδα 9.

Η Λιλή προσπάθησε να σβήσει τη μουντζούρα, αλλά δεν τα κατάφερε. Τότε, της ήρθε μια ιδέα: να κάνει τη μουντζούρα ζωγραφιά.

Σιγά σιγά, λοιπόν, έκανε ένα παιδάκι, με κεφάλι, μάτια, μύτη, στόμα, μαλλιά, χέρια, πόδια. Ήταν ένα χαμογελαστό παιδάκι.

Καθώς το κοιτούσε, όμως, της φάνηκε ότι έμοιαζε στο Δήμο. Ο Δήμος ήταν ένα γειτονόπουλο και πολύ καλός της φίλος.

Έτσι, η Λιλή έγραψε πάνω από τη ζωγραφιά το όνομά του.

Δεν του την έδειξε όμως ποτέ, για να μην παρεξηγηθεί. Και κάθε φορά που άνοιγε το βιβλίο της, γύριζε πρώτα στη σελίδα 9 κι έλεγε «γεια» στο Δήμο.

Θυμάμαι από τη γραμματική

Μια και στα προηγούμενα μαθήματα γνωρίσαμε διάφορα ουσιαστικά, καλό είναι να θυμηθούμε κάποια πράγματα που μας βοηθούν να γράφουμε σωστά.

- ✓ Το άρθρο **η** χρησιμοποιείται για τα θηλυκά ουσιαστικά και για τον Ενικό αριθμό **(μία),** ενώ το άρθρο **οι** χρησιμοποιείται για τα αρσενικά και τα θηλυκά, αλλά στον Πληθυντικό αριθμό **(πολλοί, πολλές).**
- ✓ Το άρθρο **το** χρησιμοποιείται για τα ουδέτερα στον Ενικό αριθμό **(ένα).**
- ✓ Όταν έχουμε μπροστά το άρθρο **η,** τότε έχουμε κατάληξη **-η.**
- ✓ Όταν έχουμε μπροστά το άρθρο **οι,** τότε έχουμε κατάληξη **-οι.**
- ✓ Όταν έχουμε μπροστά το άρθρο **το,** τότε έχουμε κατάληξη **-ι.**

Εξάσκηση

✎ *Γράφω μπροστά από κάθε ουσιαστικό το άρθρο που του ταιριάζει.*

______ καλάθι	______ αγάπη
______ οδηγοί	______ φωνή
______ κερί	______ γραμμή
______ δρόμοι	______ ψυχή
______ παιδί	______ σκεπή
______ κυνηγοί	______ ποτήρι
______ πόδι	______ χωνί
______ αδερφή	______ φακοί
______ ανάγκη	______ γεωργοί

✎ *Γράφω τα παρακάτω ουσιαστικά στην κατάλληλη στήλη μαζί με το άρθρο τους, όπως στο παράδειγμα.*

~~μάτι~~, ~~γιατροί~~, ~~φωνή~~, κόσμοι, νίκη, ποτήρι, στροφή, κρεβάτι, κορμοί, κορμί, ορμή, φίλοι, φίλη, φιλί, εχθροί, αρχή, αστέρι, ποταμοί

-η (μία)	-ι (ένα)	-οι (πολλοί)
η φωνή	το μάτι	οι γιατροί

✎ *Γράφω την κατάληξη στα παρακάτω ουσιαστικά, σύμφωνα με το άρθρο τους. Δεν ξεχνώ και τους τόνους.*

η βροχ____	το πατάρ____
οι άνθρωπ____	το κεφάλ____
οι χορ____	το βραχιόλ____
οι αρχηγ____	η φων____
η συλλογ____	το τραπέζ____
οι ατμ____	το κουνούπ____
οι τρόπ____	η χορδ____
η φύσ____	η νίκ____
το σπίτ____	οι λύκ____

Με τις λέξεις της καρτέλας γράφω προτάσεις

τράβηξα

π.χ. Τράβηξα κοντά μου το πιάτο με τις πατάτες.

____

____

δεξιός

π.χ. Έχει χαλάσει ο δεξιός τροχός του αυτοκινήτου.

____

η μύτη

π.χ. Έσπασε η μύτη του μολυβιού μου.

οι δρόμοι

π.χ. Όλοι οι δρόμοι της γειτονιάς μου είναι στρωμένοι με άσφαλτο.

το κεφάλι

π.χ. Πάνω από το κεφάλι σου πετάει μια μύγα.

Όταν οι μεγάλοι ξαναγίνονται παιδιά

Με άλλα λόγια το μάθημα

Κάποια Κυριακή που ο καιρός ήταν καλός, μια οικογένεια είχε βγει στην αυλή της και καθόταν. Τα δυο παιδιά, ένα αγόρι κι ένα κορίτσι, έπαιζαν.

Σε λίγο, έφτασε στο σπίτι ο θείος των παιδιών, που ήταν και νουνός του αγοριού. Τους είχε φέρει κι ένα δώρο: μια μπάλα ποδοσφαίρου. Τα δυο παιδιά, αφού τον ευχαρίστησαν, άρχισαν αμέσως το παιχνίδι.

Ο θείος και ο πατέρας των παιδιών κάθονταν και κοίταζαν την μπάλα και θυμούνταν τα δικά τους παιδικά χρόνια, όταν έπαιζαν κι αυτοί ποδόσφαιρο. Μάλιστα, άρχισαν να λένε ποιος έβαζε τα πιο πολλά γκολ.

Λέξεις και φράσεις που χρειάζονται προσοχή

με τις ραφές της και με τα όλα της: πάνω στην μπάλα φαίνονταν οι χοντρές κλωστές με τις οποίες είναι ραμμένα τα άσπρα με τα μαύρα κομμάτια του δέρματος. Είχε τη βαλβίδα της, για να φουσκώνει, και γενικά ήταν μια μπάλα σαν αυτές που παίζουν οι μεγάλοι ποδοσφαιριστές.

και δεν τη χόρταινε: αυτή τη φράση τη χρησιμοποιούμε όταν θέλουμε να δείξουμε ότι κάτι μας αρέσει τόσο πολύ, που δε σταματάμε να ασχολούμαστε μ' αυτό ή να το χαζεύουμε.

Έτσι κι ο πατέρας των παιδιών. Του άρεσε τόσο πολύ η μπάλα, που δε σταματούσε να την κοιτάζει.

πάνινο μπαλάκι: μικρή μπάλα φτιαγμένη από πανιά.

δεν έμειναν ικανοποιημένοι: δεν ήταν ευχαριστημένοι από αυτό που έκαναν. Ήθελαν, δηλαδή, να κάνουν και κάτι περισσότερο.

κοντανάσαιναν: είχαν λαχανιάσει και ανάσαιναν γρήγορα και κοφτά. Η κάθε ανάσα τους, δηλαδή, ήταν μικρή και σύντομη.

Κι έτσι, πάνω στην κουβέντα, σηκώθηκαν να παίξουν με τα παιδιά. Στην αρχή, έκαναν τους τερματοφύλακες. Αργότερα, όμως, άρχισαν να παίζουν κι αυτοί. Ίδρωσαν και λαχάνιασαν από το πολύ παιχνίδι και στο τέλος έκαναν και τη ζημιά τους: ο πατέρας έσπασε ένα τζάμι του σπιτιού.

Θυμάμαι από τη γραμματική

Το μάθημα αυτό μας θυμίζει δύο άρθρα των θηλυκών ουσιαστικών: το άρθρο **της** και το άρθρο **τις.**

Ακούγονται και τα δύο ακριβώς το ίδιο. Έχουν, όμως, μια πολύ σημαντική διαφορά. Ας δούμε ποια είναι.

✓ Το άρθρο **της** χρησιμοποιείται για τον Ενικό αριθμό, γράφεται με **ήτα (η)** και, φυσικά, μας μιλάει για **μία.**

✓ Το άρθρο **τις** χρησιμοποιείται για τον Πληθυντικό αριθμό, γράφεται με **γιώτα** (**ι**) και, φυσικά, μας μιλάει για **πολλές.** (Για τις **πολλές** μπορεί να συναντήσουμε και το άρθρο **στις.**)

Παραδείγματα

της πόρτας **της** αυλής **της** ζώνης **της** άκρης	} **μία**	**τις** πόρτες **τις** αυλές **τις** ζώνες **τις** άκρες	} **πολλές**

Ας θυμηθούμε και κάτι ακόμα:
το άρθρο **της** είναι το άρθρο της Γενικής του Ενικού αριθμού, ενώ το άρθρο **τις** είναι το άρθρο της Αιτιατικής του Πληθυντικού αριθμού.

Εξάσκηση

✎ *Γράφω το άρθρο που ταιριάζει (**της** ή **τις**) μπροστά από τα παρακάτω θηλυκά ουσιαστικά.*

______ σκούπας	______ στολές
______ κούνιας	______ κατσαρόλες
______ ζέστης	______ ομάδες
______ φωνές	______ πορτοκαλάδες
______ τέντας	______ ντομάτας
______ λεμονιάς	______ κούνιες
______ γλάστρας	______ γραμμές
______ ομάδας	______ σβήστρες
______ κουζίνας	______ τέντες

✎ *Συμπληρώνω τα κενά των παρακάτω προτάσεων με **της** ή **τις**.*

– Ο μπαμπάς έφτιαξε το χερούλι _____ πόρτας.
– Τα παιδιά σκέφτονταν _____ διακοπές του καλοκαιριού.
– Φώναξε _____ φίλες της, για να παίξουν.
– Τα χρώματα _____ ζωγραφιάς είχαν ξεβάψει.
– Ο γιατρός θα βγάλει _____ αμυγδαλές _____ Χριστίνας.
– Η δασκάλα _____ τάξης φώναξε _____ μητέρες των παιδιών.
– Θα ποτίσουμε _____ γλάστρες _____ βεράντας.
– Ο αέρας δυνάμωσε _____ φλόγες _____ φωτιάς.

✎ *Διαβάζω το ουσιαστικό της κάθε παρένθεσης και το γράφω σωστά με το άρθρο **της** ή **τις**, όπως στα παραδείγματα.*

(στροφή) Στη μέση **της στροφής** υπάρχει μια λακκούβα.
(στροφή) Μετά από αυτές **τις στροφές** υπάρχει μια ευθεία.

(χορδή) Ο ήχος ____________________
ακούστηκε πολύ δυνατά.

(γραμμή) Βλέπεις ____________________
του τρένου;

(αδερφή) Αυτή η κούκλα είναι
____________________ μου.

(χορδή) Χτύπησε όλες
________________ της κιθάρας.

(αδερφή) Ήρθε ο Γιάννης
με ____________________ του.

(γραμμή) Όταν φτάσεις στο τέλος
__________________, σταμάτα.

(φωνή) Από ____________________
των παιδιών γινόταν μεγάλη
φασαρία.

(λίμνη) Το νερό ____________________
ήταν καταπράσινο.

(φωνή) Ο τόνος ____________________
του ήταν πολύ αυστηρός.

(λίμνη) Ξέρει όλες __________________
της πατρίδας μας.

Σκέφτομαι και γράφω

Ένα παιχνίδι που παίζει μαζί μου ο πατέρας

Στο σπίτι έχω αρκετά παιχνίδια και, όταν βγαίνω έξω, παίζω με τους φίλους μου. Όμως, το παιχνίδι που μου αρέσει πιο πολύ απ' όλα είναι το μπάσκετ. Θέλω να παίζω συνέχεια. Δεν το χορταίνω.

Επειδή ακόμα είμαι μικρή και δεν μπορώ να φτάσω τα μεγάλα καλάθια, ο μπαμπάς μού έφερε μια μικρή μπασκέτα και μια μικρή μπάλα. Μου τη στερέωσε σ' έναν τοίχο στο δωμάτιό μου κι έτσι απόκτησα το δικό μου γήπεδο.

Μάλιστα, έχω και αντίπαλο για να παίξω. Ποιος είναι ο αντίπαλος; Μα, φυσικά, ο μπαμπάς! Όποτε έχουμε ελεύθερη ώρα και οι δύο, πηγαίνουμε στο γήπεδο, δηλαδή στο δωμάτιό μου, και παίζουμε μπάσκετ.

Μου δείχνει διάφορα πράγματα: πώς να κρατάω την μπάλα, πώς να κάνω σουτ. Πολλές φορές, με σηκώνει στα χέρια του και καρφώνω! Είναι πολύ διασκεδαστικό το μπάσκετ με τον μπαμπά. Πέφτει κάτω, χάνει την μπάλα, σημαδεύει τον τοίχο αντί για το καλάθι. Και είναι ακόμα πιο ωραίο, γιατί πάντα τον κερδίζω!

Αντωνία

Τα μαγαζιά

Λέξεις και φράσεις που χρειάζονται προσοχή

ανασκουμπώθηκαν: ετοιμάστηκαν, για ν' αρχίσουν τη δουλειά που ήθελαν να κάνουν.

το ψεύτικο υλικό τους: τα πράγματα που θα χρησιμοποιούσαν αντί για τα αληθινά προϊόντα: μικρά ξυλαράκια αντί για ψάρια, φυλλαράκια αντί για φασολάκια...

χαρτονομίσματα: χάρτινα χρήματα, όπως είναι το πεντακοσάρικο, το χιλιάρικο, το πεντοχίλιαρο.

Με άλλα λόγια το μάθημα

Μια παρέα παιδιών βρισκόταν στην αυλή ενός από αυτά. Κάποιο παιδί της παρέας, ο Κυριάκος, πρότεινε να παίξουν τα μαγαζιά. Σε όλους άρεσε αυτή η ιδέα κι έτσι σχεδόν αμέσως τα ετοίμασαν όλα.

Έφτιαξαν διάφορα μαγαζιά: φούρνο, μανάβικο, ψαράδικο, καφενείο, φαρμακείο, μαγαζί με παιχνίδια. Κι όσο για τα προϊόντα τους, μάζεψαν πετρούλες, ξυλαράκια, φύλλα, παλιά παιχνίδια.

Όλα ήταν έτοιμα μέσα σε λίγα λεπτά. Μέχρι και ταμπέλες έφτιαξαν. Άρχισαν να

διαλαλούσαν την πραμάτεια τους: το καθένα φώναζε και έλεγε ότι έχει καλά και φρέσκα προϊόντα. Όπως γίνεται και στην πραγματικότητα.

φωνάζουν ο καθένας για το μαγαζί του, αλλά πού και πού κρυφοκοίταζαν όλοι το μαγαζί με τα παιχνίδια.

Σε ποιους, όμως, θα πουλούσαν; Ποιοι θα ήταν οι πελάτες τους; Γι' αυτό φρόντισε... ο ουρανός. Τους έστειλε μια βροχή, που μάλλον τους τα πήρε όλα, και τα παιδιά γύρισαν στα σπίτια τους.

Θυμάμαι από τη γραμματική

Εδώ συναντάμε άλλα δύο άρθρα που ακούγονται το ίδιο: το **τον** και το **των**. Ας δούμε, όμως, τη διαφορά τους.

✓ Το άρθρο **τον** χρησιμοποιείται για τον Ενικό αριθμό, γράφεται με **όμικρον (ο)** και μας μιλάει για **έναν**.

✓ Το άρθρο **των** χρησιμοποιείται για τον Πληθυντικό αριθμό, γράφεται με **ωμέγα (ω)** και μας μιλάει για **πολλά**.

Παραδείγματα

τον τοίχο		**των** τοίχων	
τον κόσμο	**ένας**	**των** κόσμων	**πολλοί**
τον κυνηγό		**των** κυνηγών	

Εξάσκηση

✎ *Γράφω το άρθρο που ταιριάζει (**τον** ή **των**) μπροστά από τα παρακάτω ουσιαστικά.*

______ λύκων	______ κόκορα
______ γεωργών	______ ύπνο
______ παιδιών	______ κήπο
______ αυλών	______ τρόπο
______ φίλων	______ τραπεζιών
______ ατμό	______ αμαξιών
______ ποταμό	______ μπαλκονιών
______ εχθρό	______ κεριών
______ ουρανό	______ θαλασσών

✎ *Συμπληρώνω τα κενά των παρακάτω προτάσεων με **τον** ή **των**.*

– Ο Πάνος κρέμασε ______ καθρέφτη στο σαλόνι.

– Η Νίκη έδεσε τα κορδόνια ______ παπουτσιών της.

– Το άρωμα ______ λουλουδιών μύριζε σε όλο ______ κήπο.

– Ρώτησε _____ ψαρά ποια ψάρια είναι τα πιο φρέσκα.

– Οι ταμπέλες _____ μαγαζιών ήταν έτοιμες.

– Η γυναίκα ρώτησε _____ εισπράκτορα τις τιμές _____ εισιτηρίων.

– Ήθελε να ακούσει _____ ήχο _____ μηχανών.

– Η παρέα _____ παιδιών ζήτησε από _____ τροχονόμο να τα βοηθήσει να περάσουν απέναντι.

✎ *Διαβάζω το ουσιαστικό της κάθε παρένθεσης και το γράφω σωστά με το άρθρο* ***τον*** *ή* ***των,*** *όπως στα παραδείγματα.*

(ουρανός) Η θεία κοίταξε **τον ουρανό** και είπε ότι θα βρέξει.

(παπούτσι) Τα τακούνια **των παπουτσιών** είχαν χαλάσει.

(παίκτης) Οι φανέλες _______________ ήταν ιδρωμένες.

(τραγουδιστής) Οι φωνές ______________

ακούγονταν όλες μαζί.

(εργάτης) Βλέπαμε ________________

που χειριζόταν ένα μηχάνημα.

(καράβι) Τα πανιά όλων ____________

ήταν μαζεμένα.

(παίκτης) Ο κόσμος χειροκροτούσε

________________ που έβαλε

το γκολ.

(εργάτης) Η δουλειά ________________

είναι κοπιαστική.

(λαγός) Τα αυτιά _________________

είναι μεγάλα.

(τραγουδιστής) Ακούσαμε _____________

που είπε ένα τραγούδι.

(ποταμός) Κοιτούσε _________________

σαν να τον έβλεπε

πρώτη φορά.

(χέρι) Τα δάχτυλα _______________

μας είναι δέκα.

Ένα βράδυ χωρίς ηλεκτρικό

Λέξεις και φράσεις που χρειάζονται προσοχή

προειδοποίηση: ανακοίνωση με την οποία μας ειδοποιούν για κάτι πριν αυτό γίνει. Όπως εδώ η Δ.Ε.Η. ειδοποίησε τον κόσμο για τη διακοπή πριν αυτή γίνει.

τεχνικές εργασίες: κάποιες δουλειές ή επισκευές που δεν μπορεί να τις κάνει ο καθένας, αλλά μόνο οι τεχνικοί.

στο δίκτυο της περιοχής: όλα τα καλώδια που υπάρχουν στην περιοχή αλλά και γενικά ό,τι έχει σχέση με το ρεύμα σ' αυτή την περιοχή.

Με άλλα λόγια το μάθημα

Ο Άλκης, ένα αγόρι, μένει σε μια πολυκατοικία. Μια μέρα, που είχε σχολάσει και γύριζε στο σπίτι του, είδε στην είσοδο της πολυκατοικίας μια ανακοίνωση της Δ.Ε.Η. Ήταν κολλημένη στον πίνακα ανακοινώσεων και έγραφε ότι, επειδή θα γίνονταν κάποιες εργασίες την Παρασκευή, θα τους έκοβαν το ρεύμα για αρκετές ώρες.

Ο Άλκης ανέβηκε στο σπίτι και το είπε στον πατέρα του, που είχε άδεια και ήταν στο σπίτι. Ο πατέρας του το ήξερε. Καθώς ετοίμαζε το φαγητό για να φάνε, του είπε ότι θα μαζέψουν κεριά και μια παλιά λάμπα που έκαιγε πετρέλαιο, για να βλέπουν.

Έτσι κι έγινε την Παρασκευή, μόλις σκοτείνιασε. Ο Άλκης το ζούσε αυτό για πρώτη φορά. Και του άρεσε. Όπως ήταν καθισμένοι όλοι στο τραπέζι κι έτρωγαν, οι φλόγες των κεριών τρεμόπαιζαν και στους τοίχους είχαν δημιουργηθεί σκιές.

Ξαφνικά, όμως, ήρθε το ρεύμα και χάλασε την όμορφη αυτή ατμόσφαιρα.

Κοινωφελείς οργανισμοί και επιχειρήσεις

Στη χώρα μας υπάρχουν αρκετοί **κοινωφελείς οργανισμοί** και **επιχειρήσεις.** Λέγονται έτσι, γιατί με τη δουλειά που κάνουν ωφελούν το κοινό, δηλαδή τον κόσμο. Σχεδόν ποτέ δεν τους αναφέρουμε με ολόκληρο το όνομά τους, αλλά μόνο με τα αρχικά των λέξεων που αποτελούν το όνομά τους.

Ας δούμε μερικούς τέτοιους οργανισμούς και επιχειρήσεις:

Δ.Ε.Η. **Δ**ημόσια **Ε**πιχείρηση **Η**λεκτρισμού
Ο.Τ.Ε. **Ο**ργανισμός **Τ**ηλεπικοινωνιών **Ε**λλάδας
Ο.Σ.Ε. **Ο**ργανισμός **Σ**ιδηροδρόμων **Ε**λλάδας
Ε.Ρ.Τ. **Ε**λληνική **Ρ**αδιοφωνία **Τ**ηλεόραση
ΕΛ.ΤΑ. **ΕΛ**ΛΗΝΙΚΑ **ΤΑ**ΧΥΔΡΟΜΕΙΑ
Ο.Α. **Ο**λυμπιακή **Α**εροπορία

θα διακόψει την παροχή ηλεκτρικού ρεύματος: η Δ.Ε.Η. θα σταματήσει για εκείνες τις ώρες να δίνει ρεύμα στα σπίτια της περιοχής, μέχρι να τελειώσουν οι εργασίες της.

λυχνάρι: στα παλιά χρόνια δεν είχαν ούτε μπαταρίες ούτε φακούς ούτε, βέβαια, ηλεκτρικό. Έτσι, για να βλέπουν τα βράδια, άναβαν το λυχνάρι. Το λυχνάρι ήταν φτιαγμένο ως εξής: Στο κάτω μέρος είχε ένα δοχείο, που το γέμιζαν λάδι, και από πάνω έβγαινε η άκρη ενός φιτιλιού, ενώ το υπόλοιπο ήταν βουτηγμένο στο λάδι. Άναβαν το φιτίλι και το σκέπαζαν με ένα γυαλί, το οποίο είχε ψηλά μια τρύπα για να φεύγει ο καπνός.

χλώμιασαν: φάνηκαν να φωτίζουν πολύ λίγο σε σχέση με τις ηλεκτρικές λάμπες.

Εξάσκηση

Σε πολλά σπίτια οι συσκευές (κουζίνα, φούρνος, καλοριφέρ) λειτουργούν με υγραέριο, με γκάζι, όπως το λένε αλλιώς.

Ας υποθέσουμε, λοιπόν, ότι υπήρχε στη χώρα μας ο **Ε.Ο.ΓΚ.** (**Ε**λληνικός **Ο**ργανισμός **Γκ**αζιού). Θα ξαναγράψουμε την προειδοποίηση της **Δ.Ε.Η.,** μόνο που αντί για **Δ.Ε.Η.** θα γράψουμε **Ε.Ο.ΓΚ.** και αντί για **ηλεκτρικό ρεύμα** θα γράψουμε **γκάζι.** Επίσης, θα βάλουμε δικές μας ημερομηνίες και ώρες.

Προειδοποίηση

*Ο **Ε.Ο.ΓΚ.** σάς κάνει γνωστό ότι θα γίνουν τεχνικές εργασίες στο δίκτυο της περιοχής και σας ζητά συγγνώμη που για το λόγο αυτό θα διακόψει την παροχή **γκαζιού** τη Δευτέρα 18 του μηνός από τις 8 το πρωί ως τις 5 το απόγευμα.*

✎ *Κάνω κι εγώ το ίδιο με **Ο.Τ.Ε.** και **τηλέφωνο**.*

____

____

____

____

____

____

____

Σκέφτομαι και γράφω

Σ' αυτές τις εικόνες βλέπουμε τι έχει ετοιμάσει μια οικογένεια για κάποια μέρα που θα είναι κομμένο το νερό.

✎ *Γράφω στο αντίστοιχο νούμερο για την κάθε εικόνα τι έχει κάνει η οικογένεια και για ποιο λόγο.*

1. ______________________________

____

2. ______________________________

____

____

3. ______________________________

____

____

4. ______________________________

____

____

Τι θα κάνουμε στο σπίτι πριν κοπεί το νερό

Την προηγούμενη εβδομάδα, ο μπαμπάς και η μαμά μάς είχαν πει ότι θα κοβόταν το νερό για τρεις ημέρες, επειδή θα γίνονταν κάποια έργα στο δρόμο μπροστά απ' το σπίτι μας.

Γι' αυτό, μας εξήγησαν ότι έπρεπε να κάνουμε κάποιες ετοιμασίες. Εγώ και η αδερφή μου γεμίσαμε μπουκάλια με νερό, για να έχουμε να πίνουμε. Η μαμά με τον μπαμπά γέμισαν δυο τρεις κουβάδες για τις δουλειές του σπιτιού.

– Γέμισε και μερικά μπουκάλια για το μπάνιο, μου είπε κάποια στιγμή η μαμά.

Εγώ και η αδερφή μου το περάσαμε γι' αστείο. Όταν, όμως, την άλλη μέρα το πρωί σηκωθήκαμε και πήγαμε στο μπάνιο, ανοίξαμε, από συνήθεια, τη βρύση, για να πλυθούμε. Αλλά δεν έβγαλε ούτε μια σταγόνα νερό.

Και τότε καταλάβαμε το πρόβλημα. Ξέρετε τι είναι να πλένεσαι με το μπουκάλι; Μαρτύριο!

Ευτυχώς που όλοι μαζί φροντίσαμε και μαζέψαμε νερό από πριν και το είχαμε την ώρα που το χρειαζόμασταν.

Λάμπης

Αθηναίικο κρυφτό

Με άλλα λόγια το μάθημα

Μια οικογένεια μετακόμισε πριν από λίγες ημέρες στην Αθήνα και μένει σε μια πολυκατοικία. Ακριβώς δίπλα υπάρχει μια άλλη πολυκατοικία, όπου μένει ένα κοριτσάκι, η Αθηνούλα.

Η Αθηνούλα, λοιπόν, που βρισκόταν στο μπαλκόνι της, είδε την Ελένη, την καινούρια γειτόνισσά της, να βρίσκεται κι αυτή στο μπαλκόνι και τη ρώτησε πώς τη λένε. Τα δυο κορίτσια είπαν τα ονόματά τους και η Αθηνά πρότεινε να παίξουν κρυφτό.

Η Ελένη παραξενεύτηκε. Μα πώς ήταν δυνατόν να παίξουν κρυφτό η καθεμιά από

Λέξεις και φράσεις που χρειάζονται προσοχή

δικτυωτό: πλαστικό «δίχτυ», που το βάζουν στα μπαλκόνια τους όσοι γονείς έχουν μικρά παιδιά για να μην πέσουν κάτω.

βαριεστημένη: είχε βαρεθεί.

το σπίτι της; «Έτσι θα παίζουν το κρυφτό στην Αθήνα», σκέφτηκε και συμφώνησε. Η Αθηνά θα μετρούσε ως το δέκα και η Ελένη θα κρυβόταν κάπου μέσα στο σπίτι της.

Έτσι κι έγινε. Η Ελένη κρύφτηκε κάτω από το κρεβάτι. Η Αθηνά άρχισε να φωνάζει: «Μήπως είσαι εκεί;» «Μήπως εκεί;» Στο τέλος βαρέθηκε και η Ελένη κέρδισε. Μάλλον θα 'ναι βαρετό το αθηναίικο κρυφτό!

Εξάσκηση

✎ *Χρησιμοποιώ τις λέξεις της παρένθεσης και κάνω προτάσεις, όπως στα παραδείγματα.*

(κάνω - βουτιές)

– **Εμένα μου αρέσει να κάνω βουτιές στη θάλασσα. Εσένα σου αρέσει;**

– **Ναι, μου αρέσει κι εμένα.**

(ποτίζω - λουλούδια)

– **Εμένα μου αρέσει να ποτίζω τα λουλούδια. Εσένα σου αρέσει;**

– **Ναι, μου αρέσει κι εμένα.**

(πηγαίνω - βόλτα - δάσος)

____

____

____

(διαβάζω - παραμύθια)

____

____

____

(βλέπω - κινούμενα σχέδια - τηλεόραση)

____

____

____

____

(παίζω - μπάλα - φίλους μου)

____

____

____

✎ *Διαβάζω προσεχτικά πώς άλλαξαν οι προτάσεις.*

Εγώ αγαπώ τα παγωτά. → Εμένα μου αρέσουν τα παγωτά.

Εσύ αγαπάς το τένις. → Εσένα σου αρέσει το τένις.

Ο Κώστας αγαπά το μπάσκετ. → Του Κώστα τού αρέσει το μπάσκετ.

Εμείς αγαπάμε το μπάνιο. → Εμάς μας αρέσει το μπάνιο.

Εσείς αγαπάτε τις βόλτες. → Εσάς σας αρέσουν οι βόλτες.

Αυτοί αγαπούν την πορτοκαλάδα. → Σ' αυτούς αρέσει η πορτοκαλάδα.

✎ *Διαβάζω κι αυτές τις προτάσεις και τις γράφω δίπλα αλλαγμένες, όπως διάβασα προηγουμένως.*

Εγώ αγαπώ τις βουτιές. → ______________________

____

Εσύ αγαπάς τα μακαρόνια. → ______________________

____

Ο Νίκος αγαπά τα ταξίδια. → ______________________

____

Η Σοφία αγαπά τις κούνιες. → ______________________

____

Εμείς αγαπάμε τις διακοπές. → ______________________

____

Εσείς αγαπάτε τα σκυλάκια. → ______________________

____

Αυτοί αγαπούν το τρέξιμο. → ______________________

____

Αυτές αγαπούν το χορό. → ______________________

____

Οι δώδεκα μήνες και το βαρέλι τους

Με άλλα λόγια το μάθημα

Στο μάθημα αυτό διαβάζουμε ένα παραμύθι για τους δώδεκα μήνες.

Οι μήνες, λοιπόν, παλιά ήταν αδέρφια και είχαν ένα βαρελάκι με κρασί. Στο βαρελάκι είχαν ανοίξει δώδεκα τρύπες στη σειρά και είχαν βάλει δώδεκα τάπες.

Κάποια μέρα, αποφάσισαν να μοιράσουν μεταξύ τους τις τρύπες, για να ξέρει ο καθένας από πού να παίρνει κρασί. Ο Μάρτης, όμως, που ήταν ο πιο γέρος αλλά και ο πιο πονηρός, τους είπε να του αφήσουν την τελευταία τρύπα, γιατί δήθεν δεν μπορούσε να φτάνει τις πιο πάνω. Έτσι κι έγινε.

Μα ο Μάρτης κάθε λίγο και λιγάκι πήγαινε κι έπινε κρασί, ώσπου το βαρελάκι ά-

Λέξεις και φράσεις που χρειάζονται προσοχή

βουτσάκι: μικρό βαρέλι.

πίρος: ξύλινη τάπα για τα βαρέλια ή ειδική βρυσούλα για τα βαρέλια.

κουτσοπίνει: πίνει σιγά σιγά.

το δικό τους μερτικό: το δικό τους μερίδιο, αυτό που ανήκε στον καθένα.

που είπε αμάν: δεν άντεχε άλλο.

τη δουλειά που σκάρωσε: την απάτη που τους έκανε.

δειασε, χωρίς να μείνει ούτε μία σταγόνα για τους άλλους μήνες. Όταν το πήραν είδηση, τ' αδέρφια του τον έπιασαν και του έριξαν πολύ ξύλο.

Έτσι, όταν ο Μάρτης θυμάται την πονηριά του, γελάει κι έχουμε καλό καιρό, μα όταν θυμάται το ξύλο που του 'ριξαν, κλαίει και τότε βρέχει.

Θυμάμαι από τη γραμματική

Εδώ μας δίνεται η ευκαιρία να θυμηθούμε την περίπτωση του **δεύτερου τόνου** σε μια λέξη.

Όταν έχουμε μια λέξη που έχει τον τόνο στην **τρίτη από το τέλος** συλλαβή και την ακολουθεί μία από τις λέξεις **μου, σου, του, μας, σας, τους**, τότε θα βάλουμε και άλλον έναν τόνο στην τελευταία συλλαβή.

Αν ο τόνος της λέξης βρίσκεται στην τελευταία ή στην προτελευταία συλλαβή και ακολουθούν οι παραπάνω λέξεις, τότε δε βάζουμε δεύτερο τόνο.

Παραδείγματα

πα**ρά**θυρο	→	το πα**ρά**θυ**ρό** μου
πο**δή**λατο	→	το πο**δή**λα**τό** μου

διάβασε	→	**διά**βα**σέ** μας

αλλά

κλει**δί**	→	το κλει**δί** του
τάξη	→	η **τά**ξη μας
φέρε	→	**φέ**ρε μας

Εξάσκηση

✎ *Γράφω τους μήνες που έχουν και δεύτερη ονομασία, όπως στο παράδειγμα.*

Ιανουάριος ή **Γενάρης**

Φεβρουάριος ή ______________________

Μάρτιος ή ______________________

Απρίλιος ή ______________________

Μάιος ή ______________________

Ιούνιος ή ______________________

Ιούλιος ή ______________________

Σεπτέμβριος ή ______________________

Οκτώβριος ή ______________________

Νοέμβριος ή ______________________

Δεκέμβριος ή ______________________

Σημείωση

Εξηγούμε, βέβαια, στο παιδί ότι ο Αύγουστος λείπει από αυτή την άσκηση, γιατί δεν έχει δεύτερη ονομασία.

✎ *Ξαναγράφω τις παρακάτω προτάσεις με σύντομο τρόπο, όπως στα παραδείγματα, προσέχοντας πού χρειάζεται δεύτερος τόνος.*

– Ρώτα τον Παύλο τι έχει. **Ρώτα τον.**

– Ρώτησε την Ελένη. **Ρώτησέ την.**

– Μίλησε στο Νίκο. ______

– Δώσε σ' εμάς την μπάλα. ______

– Γέμισε τον κουβά. ______

– Λύσε τα σκυλιά. ______

– Δείξε σ' εμάς το σπίτι. ______

– Άπλωσε τα ρούχα. ______

✎ *Ξαναγράφω τις παρακάτω φράσεις με σύντομο τρόπο, όπως στα παραδείγματα, προσέχοντας πού χρειάζεται δεύτερος τόνος.*

η τσάντα της Μαίρης **η τσάντα της**

το όνειρο του παππού **το όνειρό του**

το δικό μας διαμέρισμα ______

ο σκύλος της Φανής ______

το δικό σου κάθισμα ______

το θρανίο του Δημήτρη ______

τα πράγματα της θείας ______

το δικό τους αυτοκίνητο ______

Ο ανελκυστήρας

Λέξεις και φράσεις που χρειάζονται προσοχή

Με άλλα λόγια το μάθημα

Ένα αγοράκι, ο Στρατής, μένει σε πολυκατοικία. Αυτός και η οικογένειά του, για να πάνε στο διαμέρισμά τους, χρησιμοποιούν το ασανσέρ.

Το ίδιο έγινε και σήμερα, που γύριζε ο Στρατής με τον πατέρα του από τα ψώνια. Κι επειδή του Στρατή τού αρέσει να πατάει το κουμπί για να ξεκινήσουν, έτσι έκανε και τώρα. Αυτή τη φορά, όμως, κάτι έκανε λάθος, από βιασύνη, και το ασανσέρ, αφού προχώρησε λίγο, σταμάτησε.

Ο Στρατής φοβήθηκε και κοίταξε τον πατέρα του, ο οποίος του είπε ότι αυτό

όροφος: πάτωμα. Οι πολυκατοικίες είναι ψηλές και χωρίζονται σε ορόφους. π.χ. «Αυτή η πολυκατοικία έχει έξι **ορόφους.**» Δηλαδή: «Αυτή η πολυκατοικία έχει έξι πατώματα».

θάλαμος: το «δωμάτιο» του ασανσέρ, στο οποίο μπαίνουμε για να ανεβούμε ή να κατεβούμε στους ορόφους.

μην επιχειρήσεις: μην το κάνεις, μην το τολμήσεις.

κουδούνι του κινδύνου: εκτός από τα διάφορα κουμπιά που υπάρχουν μέσα στο θάλαμο, τα ασανσέρ έχουν κι άλλο ένα, συνήθως πράσινο ή κόκκινο: το κουδούνι κινδύνου. Αν τύχει και χαλάσει το ασανσέρ και κλειστεί κάποιος μέσα, πρέπει να πατήσει αυτό το κουμπί. Αμέσως χτυπάει ένα κουδούνι, που ακούγεται σ' όλη την πολυκατοικία. Κάποιος θα το ακούσει και θα πάρει τηλέφωνο την πυροσβεστική, για να έρθει να βγάλει αυτόν που κλείστηκε μέσα.

κράτησε την ψυχραιμία σου: μην τα χάσεις, μην αρχίσεις να φοβάσαι.

έγινε γιατί δεν έκλεισε καλά την πόρτα. Το λάθος διορθώθηκε και ανέβηκαν.

Όταν έφτασαν πάνω, ο πατέρας είπε στο Στρατή να διαβάσει τις οδηγίες. Ούτε που τις είχε προσέξει ποτέ.

Του εξήγησε, ακόμα, ότι η λέξη «ασανσέρ» προέρχεται από ξένη γλώσσα και ότι η αντίστοιχη ελληνική λέξη είναι «ανελκυστήρας».

Ελληνικές και ξένες λέξεις στη γλώσσα μας

Καθημερινά, όταν μιλάμε ή γράφουμε, χρησιμοποιούμε πολλές λέξεις. Αρκετές από αυτές δεν είναι ελληνικές. Τις έχουμε «δανειστεί» από ξένες γλώσσες και τις χρησιμοποιούμε σαν να είναι δικές μας, επειδή μας βολεύουν ή επειδή δεν ξέρουμε πώς αλλιώς να πούμε κάτι.

Τις χρησιμοποιούμε, μάλιστα, τόσο πολύ, που αρκετοί από εμάς δε γνωρίζουμε ότι υπάρχει και αντίστοιχη ελληνική λέξη. Ας δούμε μερικές από αυτές.

ξένη	ελληνική
ασανσέρ	ανελκυστήρας
σινεμά	κινηματογράφος

ρεστοράν	εστιατόριο
μπουζί	σπινθηριστής
μπάσκετ	καλαθοσφαίριση

Υπάρχουν, βέβαια, και κάποιες λέξεις που θα ήταν δύσκολο να τις πούμε στα ελληνικά, όπως: ταξί, μαγιό, σι ντι.

Εξάσκηση

✎ *Αντιστοιχίζω τις παρακάτω λέξεις με τις ελληνικές, όπως στο παράδειγμα.*

μακιγιάζ •	• κεντρική θέρμανση
γκολ •	• ανθοδοχείο
ερ κοντίσιον •	• σφάλμα
καλοριφέρ •	• βάψιμο προσώπου
μίξερ •	• αστείο
πάρκιν •	• κλιματιστικό
φάουλ •	• επιτυχία
κομπιούτερ •	• ηλεκτρονικός υπολογιστής
βάζο •	• χώρος στάθμευσης
φάρσα •	• ηλεκτρικός αναδευτήρας

Η Τασία είχε πάει ένα ταξίδι με τους γονείς της. Σε κάποιο φανάρι που σταμάτησαν, τους πλησίασε ευγενικά ένας τροχονόμος και τους έδωσε ένα χαρτί. Η Τασία το πήρε και το διάβασε.

ΣΥΜΒΟΥΛΕΣ ΓΙΑ ΑΣΦΑΛΗ ΤΑΞΙΔΙΑ

1. *Να φοράς πάντα τη ζώνη ασφαλείας.*
2. *Να μην οδηγείς ποτέ όταν έχεις πιει.*
3. *Αν νιώσεις κούραση, σταμάτησε κάπου για να ξεκουραστείς.*
4. *Να μην ταξιδεύεις αμέσως μετά το φαγητό.*
5. *Πάντα να προσέχεις το δρόμο όταν οδηγείς και να μην κάνεις αστεία μέσα στο αυτοκίνητο.*

✎ *Αλλάζω τις παραπάνω συμβουλές από το* ***εσύ*** *στο* ***εσείς****, όπως στο παράδειγμα.*

ΣΥΜΒΟΥΛΕΣ ΓΙΑ ΑΣΦΑΛΗ ΤΑΞΙΔΙΑ

1. Να φοράτε πάντα τη ζώνη ασφαλείας.

2. ______________________________

3. ______________________________

____

4. ______________________________

5. ______________________________

____

Σκέφτομαι και γράφω

✎ *Παρατηρώ τις παρακάτω εικόνες, που δείχνουν τι δεν πρέπει να κάνουμε με το ηλεκτρικό ρεύμα.*

1

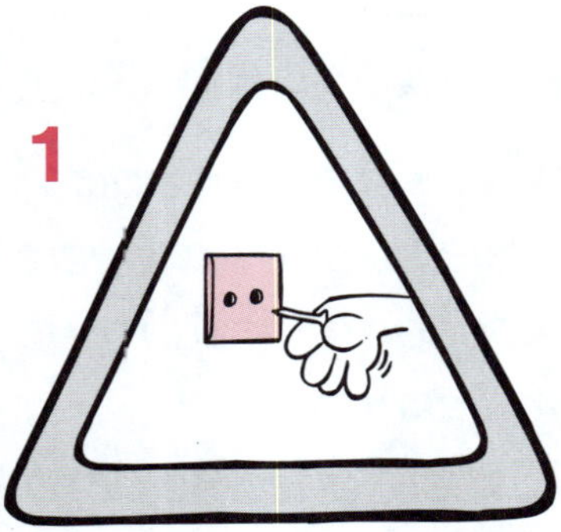

2

3

4

5

6

Γράφω οδηγίες για τον ηλεκτρισμό

Ο ηλεκτρισμός είναι μια σπουδαία ανακάλυψη, που έκανε πιο εύκολη τη ζωή των ανθρώπων. Τα περισσότερα πράγματα γύρω μας δουλεύουν με ηλεκτρικό ρεύμα και θα μας ήταν πολύ δύσκολο να ζήσουμε χωρίς αυτό.

Το ηλεκτρικό ρεύμα, όμως, είναι και επικίνδυνο. Γι' αυτό, πρέπει να προσέχουμε. Ας δούμε κάποιες οδηγίες για την ασφάλειά μας.

ΟΔΗΓΙΕΣ

1. Δεν πρέπει να πιάνουμε τις πρίζες με βρεγμένα χέρια.
2. Δεν παίζουμε με τις πρίζες ούτε βάζουμε τίποτα μέσα στις τρυπούλες τους.
3. Αν κάποιο καλώδιο έχει «γυμνωθεί», δεν το πιάνουμε.
4. Δεν πρέπει να χρησιμοποιούμε πρίζες που έχουν σπάσει ή που έχουν πεταχτεί έξω από τον τοίχο.
5. Αν κάποιον τον «χτυπήσει» το ηλεκτρικό ρεύμα, κλείνουμε αμέσως το γενικό διακόπτη.
6. Δεν πετάμε χαρταετό κοντά σε καλώδια της Δ.Ε.Η.

Φώτης

Η μαϊμουδίτσα

Με άλλα λόγια το μάθημα

Στο ποιηματάκι αυτό μας μιλάει ένας περιπλανώμενος μουσικός. Είναι ένας άνθρωπος που έχει για παρέα του μια μαϊμουδίτσα και γυρίζει σε διάφορα μέρη, παίζει τη μουσική του και η μαϊμουδίτσα χορεύει ακούγοντας το ντέφι και διασκεδάζει τον κόσμο.

Ο κόσμος, και ειδικότερα τα παιδιά, μαζεύεται για να τη δει να χορεύει και να κάνει τα διασκεδαστικά κόλπα της.

Ε, δε βλέπει κανείς κάθε μέρα μια μαϊμουδίτσα να ακούει μουσική και να χορεύει!

Εξάσκηση

✎ *Γράφω πώς θα λέγαμε με μία λέξη τα παρακάτω, όπως στα παραδείγματα.*

~~δέντρα~~, πουλιά, εργαλεία, γλυκά, παιχνίδια, έπιπλα, ~~ζώα~~, ρούχα, μαγαζιά, ψάρια

σκύλος και γάτα	**ζώα**
λεμονιά και κερασιά	**δέντρα**
καφενείο και μανάβικο	____________
κατσαβίδι και πένσα	____________
τραπέζι και καναπές	____________
κούκλα και τρενάκι	____________
σαρδέλα και γόπα	____________
μπακλαβάς και πάστα	____________
πουκάμισο και φούστα	____________
καναρίνι και αηδόνι	____________

Ο παράξενος χαρταετός

Με άλλα λόγια το μάθημα

Η Καθαρή Δευτέρα είναι μια Δευτέρα γιορτής, χαράς, εκδρομής και... πετάγματος. Τι πετάγματος; Μα, φυσικά, του χαρταετού. Όλα τα παιδιά, αλλά και οι μεγάλοι, πετάνε το χαρταετό τους αυτή τη μέρα.

Έτσι και σήμερα, από το πρωί, ο ουρανός γέμισε πολύχρωμα χάρτινα «πουλιά», στολισμένα με όμορφα χρώματα κι ένα σωρό μπιχλιμπίδια.

Μια μικρή ηλιαχτίδα, η Τρελούτσικη, βάλθηκε να κάνει το δημοσιογράφο και ρωτάει όλους τους χαρταετούς αν είναι ευτυχισμένοι. Κι εκείνοι απαντούν πως είναι, γιατί έχουν ένα σωρό στολίδια.

Λέξεις και φράσεις που χρειάζονται προσοχή

αρμένιζαν: έκαναν «βόλτες» στον ουρανό, πήγαιναν ήσυχα εδώ κι εκεί. Τη λέξη «αρμενίζω» τη λέμε για τα καράβια που πλέουν ήσυχα στη θάλασσα.

σκουλαρίκια: χάρτινες κορδέλες που δένουμε στα πλάγια του χαρταετού για ομορφιά.

ξεμοναχιασμένο: εντελώς μόνο του, χωρίς άλλον δίπλα του.

άραξαν: τα παιδιά τούς τοποθέτησαν σε κάποιο ντουλάπι.

Ένας χαρταετός, όμως, ξεχώριζε από τους άλλους. Ξεχώριζε, γιατί ήταν πιο μακριά και χωρίς ζωγραφιές. Η Τρελούτσικη τον ρωτάει κι αυτόν και ο χαρταετός τής απαντάει πως είναι πραγματικά ευτυχισμένος, γιατί είναι ελεύθερος, χωρίς σπάγκο, και πετάει όπου θέλει. Σαν τα πουλιά, σαν τον αέρα, σαν τα όνειρα των παιδιών.

Η γραμματική του μαθήματος

Όταν χρειαστεί να μιλήσουμε ή να γράψουμε για κάτι, εκτός από το ουσιαστικό χρησιμοποιούμε κι άλλες λέξεις, για να περιγράψουμε το σχήμα του ή το χρώμα του ή το υλικό από το οποίο είναι φτιαγμένο ή διάφορα χαρακτηριστικά του.

Αυτές οι λέξεις δεν είναι ουσιαστικά αλλά **επίθετα** και «πηγαίνουν» κοντά στα ουσιαστικά.

> **Επίθετα λέγονται οι λέξεις που συνοδεύουν τα ουσιαστικά και μας φανερώνουν διάφορα χαρακτηριστικά τους.**

Προσοχή: *Κάθε ουσιαστικό έχει ένα μόνο γένος, ενώ κάθε επίθετο σχηματίζεται και στα τρία γένη:*

ο πατέρας *(μόνο στο αρσενικό)*

η κουρτίνα *(μόνο στο θηλυκό)*

το τραπέζι *(μόνο στο ουδέτερο)*

αλλά

ο πράσινος, η πράσινη, το πράσινο

ο μεγάλος, η μεγάλη, το μεγάλο

(και στα τρία γένη)

Παραδείγματα

επίθετα	μας δείχνουν
η **στρογγυλή** μπάλα	**σχήμα**
το **ξύλινο** τραπέζι	**υλικό**
ο **γαλάζιος** ουρανός	**χρώμα**
το **ακριβό** παιχνίδι	**αξία**
η **ευγενική** δασκάλα	**χαρακτήρα**

Όπως βλέπετε στα παραδείγματα, τα επίθετα βρίσκονται στο **ίδιο γένος**, στην **ίδια πτώση** και, φυσικά, στον **ίδιο αριθμό** με τα ουσιαστικά. Αν, δηλαδή, ένα ουσιαστικό είναι αρσενικό, στην Ονομαστική και στον Ενικό αριθμό, τότε τα ίδια θα είναι και για το επίθετο.

Πολλές φορές, ακόμα, επίθετα και ουσιαστικά έχουν την ίδια κατάληξη:

γαλάζι**ος** ουραν**ός**
παλ**ιά** καρέκλ**α**
νόστιμ**ο** φαγητ**ό**

Θυμάμαι από τη γραμματική

Θυμάστε ποιες είναι οι **συνώνυμες** και ποιες οι **αντίθετες** λέξεις; Σίγουρα ναι, αλλά ας τις θυμηθούμε πάλι.

✓ **Συνώνυμες** είναι οι λέξεις που έχουν την ίδια ή σχεδόν την ίδια σημασία:
σώμα - κορμί, κουβέρτα - σκέπασμα

✓ **Αντίθετες** είναι οι λέξεις που έχουν την ακριβώς αντίθετη σημασία:
μέσα - έξω, γεμίζω - αδειάζω

Εξάσκηση

✎ *Αντιστοιχίζω τα επίθετα της πρώτης στήλης με τα ουσιαστικά της δεύτερης, όπως στο παράδειγμα.*

νόστιμο •	• παπαγάλος
σιδερένια •	• χορτάρι
ακριβή •	• καρέκλα
πολύχρωμος •	• μωρό
βαθύς •	• φαγητό
πράσινο •	• κάγκελα
ψηλή •	• τηλεόραση
ξύλινη •	• πολυκατοικία
κλαψιάρικο •	• φούστα
έγχρωμη •	• ποταμός

✎ *Γράφω δίπλα στο αρσενικό γένος το θηλυκό και το ουδέτερο των επιθέτων, όπως στα παραδείγματα.*

αρσενικό	**θηλυκό**	**ουδέτερο**
ο χάρτινος	**η χάρτινη**	**το χάρτινο**
ο ξύλινος	**η ξύλινη**	**το ξύλινο**
ο απλός		
ο έτοιμος		
ο πράσινος		
ο παλιός		
ο γαλάζιος		

✎ *Διαβάζω προσεχτικά τα παρακάτω επίθετα. Αν είναι* ***συνώνυμα****, βάζω στην παρένθεση* ***Σ****, ενώ αν είναι* ***αντίθετα****, βάζω* ***Α****, όπως στα παραδείγματα.*

(**Α**) κρύα - ζεστή

( ) πικρός - γλυκός

( ) ωραίο - όμορφο

( ) μαλακό - απαλό

( ) άδειος - γεμάτος

(**Σ**) γελαστή - πρόσχαρη

( ) καθαρός - βρώμικος

( ) φωτεινό - λαμπερό

( ) βαρύς - ελαφρύς

( ) θεόρατος - τεράστιος

✎ *Συμπληρώνω τα κενά των παρακάτω προτάσεων με τα επίθετα της παρένθεσης.*

(δυνατός, λαϊκή, γυάλινα, φρέσκα, χάρτινο, μακρύ, πολύχρωμες, καινούριο)

– Έσπασε το ________________ ανθοδοχείο.
– Στα ψαράδικα δε βρίσκεις πάντα ________________ ψάρια.
– Ο ________________ αέρας έριξε κάτω τις γλάστρες.
– Είχε ένα ________________ λάστιχο, για να ποτίζει.
– Αυτό το βιβλίο έχει ________________ εικόνες.
– Η ________________ αγορά γίνεται κάτω από το σπίτι μας.
– Αγόρασε ένα ________________ αυτοκίνητο.
– Έφτιαξε ένα ________________ αεροπλανάκι.

Σκέφτομαι και γράφω

Ένας χαρταετός που αμολήσαμε

Πλησίαζε Καθαρή Δευτέρα κι ένα πρωί ο δάσκαλος στο σχολείο μάς είπε:

– Παιδιά, θέλετε να πετάξουμε χαρταετό;

Εμείς νομίσαμε ότι μας πείραζε, αλλά ο δάσκαλος το έλεγε στα σοβαρά. Όταν, μάλιστα, μας έδειξε τα καλάμια και τα χρωματιστά χαρτιά που είχε φέρει, πετάξαμε απ' τη χαρά μας.

Την άλλη μέρα, με τους δυο χαρταετούς που είχαμε φτιάξει, ξεκινήσαμε για ένα μικρό χωράφι που βρίσκεται κοντά στο σχολείο μας. Ήταν ό,τι έπρεπε για το πέταγμα του χαρταετού. Ούτε καλώδια υπήρχαν ούτε τίποτα.

Βοηθήσαμε όλοι και σε λίγα λεπτά οι χαρταετοί πετούσαν ψηλά στον αέρα σαν δυο πολύχρωμα πουλιά. Η τάξη μας πετούσε κι αυτή στον αέρα. Γιατί πάνω στον ένα χαρταετό τα μισά παιδιά είχαν γράψει το όνομά τους και τα άλλα μισά στον άλλο.

Οι ουρές των χαρταετών κυμάτιζαν ήσυχα και, όσο αφήναμε τους σπάγκους, τόσο πιο ψηλά σηκώνονταν. Ώσπου, στο τέλος, δεν είχαμε άλλο σπάγκο να αμολήσουμε.

– Τι λέτε, παιδιά, πάμε ταξίδι στον κόσμο; μας ρώτησε ο δάσκαλος.

Εμείς καταλάβαμε τι ήθελε να πει και αφήσαμε τους χαρταετούς με τα ονόματά μας να ταξιδέψουν ελεύθεροι στον ουρανό.

Αποστόλης

Λούνα παρκ

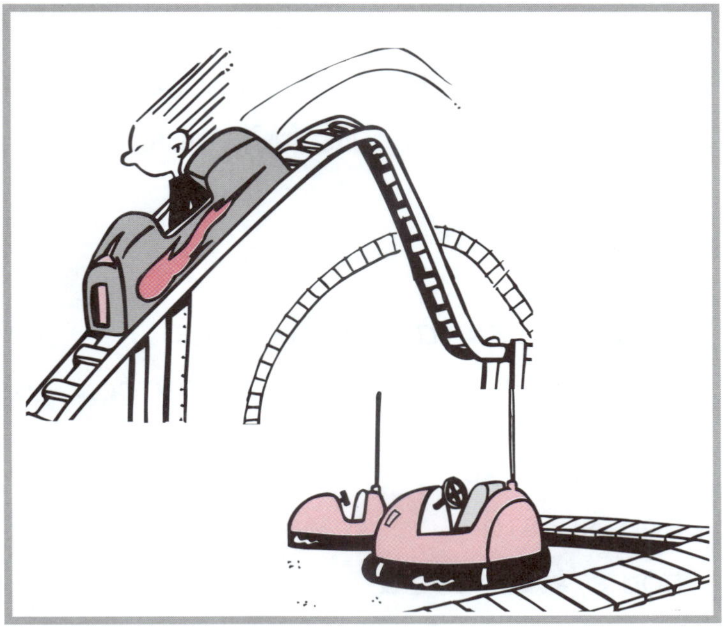

Λέξεις και φράσεις που χρειάζονται προσοχή

μηχανοδηγός: οδηγός τρένου. Η λέξη είναι σύνθετη από τις λέξεις «μηχανή» και «οδηγός», εννοώντας, φυσικά, τη μηχανή του τρένου.

φανταστικοί ταξιδευτές: τα παιδιά εδώ δεν κάνουν πραγματικά ταξίδια, αλλά ταξιδεύουν με τη φαντασία τους.

άψυχα: χωρίς ψυχή, χωρίς να έχουν ζωή μέσα τους. Δηλαδή, μένουν ακίνητα, χωρίς να δουλεύουν.

Με άλλα λόγια το μάθημα

Το λούνα παρκ είναι ένας κόσμος μαγικός, που ζωντανεύει για τα παιδιά κάθε βράδυ. Με τα πολύχρωμα φώτα του, τα στολίδια του και τις μουσικές είναι σαν να καλεί τα παιδιά να έρθουν κοντά του για να παίξουν.

Να παίξουν με τα κάθε λογής παιχνίδια του: με τ' αλογάκια, τις κούνιες, τα τρενάκια, το μύλο, με τα παιχνίδια που τα παιδιά θα ήθελαν να παίζουν κάθε μέρα.

Μα όταν όλα αυτά σταματήσουν, το λούνα παρκ γέρνει κουρασμένο να κοιμηθεί. Όπως κοιμούνται και τα παιδιά, που το ονειρεύονται. Τα φώτα σβήνουν, τα παιχνίδια σταματούν και όλα ησυχάζουν, για να ξαναζωντανέψουν την επόμενη μέρα και να δώσουν χαρά σε άλλα παιδιά.

Εξάσκηση

✎ *Γράφω με ένα επίθετο, όπως στο παράδειγμα, πώς λέγεται αυτός...*

...που προσέχει **προσεκτικός**
...που βιάζεται ____________
...που έχει ευγένεια ____________
...που είναι από ξύλο ____________
...που είναι από δέρμα ____________
...που μας χρησιμεύει ____________
...που κολλάει ____________
...που είναι από μαλλί ____________
...που δεν έχει φάει ____________

✎ *Διαβάζω τις παρακάτω φράσεις και μετά σχηματίζω μικρές φράσεις με **άρθρο + επίθετο + ουσιαστικό,** όπως στα παραδείγματα.*

το βάζο που είναι από γυαλί

το γυάλινο βάζο

Ορθογραφική παρατήρηση

Όσα επίθετα τελειώνουν σε **-ικος, -ιμος, -ινος** γράφονται με **γιώτα** (ι).

Παραδείγματα
προσεκτικός
βιαστικός
φρόνιμος
νόστιμος
ξύλινος
πράσινος

η κοπέλα που βιάζεται

η βιαστική κοπέλα

ο αέρας που φυσάει το βράδυ

ο βραδινός αέρας

ο καφές που πίνεται το πρωί

____

το μαξιλάρι που είναι από ύφασμα

____

η μπριζόλα που έχει νοστιμιά

____

η χώρα που είναι μακριά

____

ο οδηγός που προσέχει

____

ο σκύλος που κάθεται φρόνιμα

____

το παιδί που δεν είναι ζωηρό

____

Σκέφτομαι και γράφω

Ένα λούνα παρκ

Η χαρά μου ήταν πολύ μεγάλη όταν ο μπαμπάς και η μαμά μού είπαν ότι θα πηγαίναμε στο λούνα παρκ. Εδώ και λίγες μέρες είχε στηθεί ένα καινούριο λούνα παρκ στην πόλη μας και ήθελα να πάω.

Όταν φτάσαμε, κοίταζα δεξιά κι αριστερά. Υπήρχαν ένα σωρό παιχνίδια. Είχε ένα μεγάλο μύλο, σαν τεράστια ρόδα, που σε ανέβαζε πολύ ψηλά. Πρέπει να φαινόταν όλη η πόλη από κει πάνω.

Είχε και μια μεγάλη μπαλαρίνα, που στριφογύριζε γρήγορα. Υπήρχαν, ακόμα, τρενάκια, βαρκούλες, αλογάκια, αεροπλανάκια. Όλα γύριζαν και κουνιόνταν σαν σε τρελό χορό. Παντού αναβόσβηναν φωτάκια, μικρά και μεγάλα. Από παντού ακουγόταν μουσική. Και σε όλες τις μεριές υπήρχαν παιδιά. Όπου και να κοιτούσες, παιδιά έβλεπες.

Ανέβηκα σε αρκετά παιχνίδια. Έκανα βόλτα μ' ένα αεροπλάνάκι. Πήγα ταξίδι με το τρενάκι. Έγινα καπετάνιος με μια βαρκούλα. Ψάρεψα ψεύτικα ψαράκια. «Τσουγκρίσαμε» μαζί με τη μαμά και τον μπαμπά στα συγκρουόμενα αυτοκινητάκια. Κάναμε ένα σωρό πράγματα.

Στο τέλος φύγαμε γελαστοί και χαρούμενοι, γιατί είχαμε διασκεδάσει με την ψυχή μας.

Μιχάλης

Η κολοκυθοσαλάτα

Λέξεις και φράσεις που χρειάζονται προσοχή

συνταγή μαγειρικής: ένα μικρό κείμενο που μας δίνει οδηγίες για το πώς θα φτιάξουμε κάποιο φαγητό ή γλυκό.

ωμά: όχι μαγειρεμένα. Μια τροφή που δεν την έχουμε μαγειρέψει, βράσει, ψήσει ή τηγανίσει λέγεται ωμή. Υπάρχουν αρκετές τροφές που μπορούμε να τις φάμε ωμές, κυρίως τα λαχανικά. Ένα αγγούρι ή μια ντομάτα, για παράδειγμα, δε χρειάζεται να τα μαγειρέψουμε για να τα φάμε. Το κρέας, όμως, δεν μπορούμε να το φάμε ωμό.

Με άλλα λόγια το μάθημα

Δυο αδέρφια, η Ρέα και ο Θωμάς, ήταν στο σπίτι τους και διάβαζαν μαζί ένα παιδικό περιοδικό. Σε κάποια σελίδα του βρήκαν μια συνταγή μαγειρικής, που τη διάβασαν. Η συνταγή έλεγε πώς να φτιάξουν μια κολοκυθοσαλάτα.

Αφού τη διάβασαν προσεχτικά, είπαν να φτιάξουν την κολοκυθοσαλάτα. Μάζεψαν πρώτα όλα τα υλικά που τους χρειάζονταν και μετά άρχισαν να κάνουν ό,τι έλεγε η συνταγή.

Όταν τελείωσαν, έπρεπε να βάλουν την

κολοκυθοσαλάτα στο ψυγείο. Πριν τη βάλουν, όμως, σκέφτηκαν να τη δοκιμάσουν. Τη δοκίμασαν και τη βρήκαν αρμυρή. Ο Θωμάς σκέφτηκε να ρίξουν λίγη ζάχαρη. Παραέριξαν, όμως, κι έγινε γλυκιά. Τέλος, σκέφτηκαν να ρίξουν λίγο λεμόνι. Κι έτσι, η κολοκυθοσαλάτα έγινε λίγο απ' όλα: και αρμυρή και γλυκιά και ξινή. Μόνο πικρή που δεν ήταν!

Εξάσκηση

✎ *Αντιστοιχίζω τα τρόφιμα της πρώτης στήλης με τις γεύσεις τους, που είναι στη δεύτερη στήλη.*

λεμόνι •	• πικρή
ζάχαρη •	• καυτερό
αλάτι •	• αρμυρό
κρεμμύδι •	• γλυκιά
φλούδα πορτοκαλιού •	• ξινό

✎ *Γράφω προτάσεις με σύνθετες λέξεις, όπως στο παράδειγμα.*

Ρίχνω λάδι και λεμόνι.

Ρίχνω λαδολέμονο.

ένα γουλί σκόρδο: είναι μια έκφραση που χρησιμοποιούμε ειδικά για το σκόρδο. Τα σκόρδα αποτελούνται από μικρά κομματάκια, ενωμένα μεταξύ τους σ' ένα μεγάλο κομμάτι. Όταν μαγειρεύουμε, ποτέ δε βάζουμε όλο αυτό το μεγάλο κομμάτι, αλλά παίρνουμε ένα από τα μικρά. Αυτό είναι το γουλί.

τρυπητό: μαγειρικό σκεύος, σαν βαθύ μπολ, που έχει παντού τρύπες, για να φεύγει το νερό.

σουπιέρα: μεγάλο και βαθύ μπολ, που το χρησιμοποιούμε συνήθως για να βάζουμε τη σούπα.

Φτιάχνω κεφτέδες από κολοκύθι.

____

Φτιάχνω ρύζι με σπανάκι.

____

Κάνω πίτα με τυρί.

____

Κάνω πίτα με μήλα.

____

Φτιάχνω σούπα από ψάρι.

____

✎ *Διαβάζω τις σύνθετες λέξεις και γράφω από ποιες απλές λέξεις έγιναν, όπως στο παράδειγμα.*

λαδόξιδο : **λάδι + ξίδι**

σπανακόπιτα : ___________

ντοματόσουπα : ___________

πατατοσαλάτα : ___________

λαχανοντολμάδες : ___________

αλατοπίπερο : ___________

✎ *Βάζω σε αλφαβητική σειρά τα παρακάτω λαχανικά.*

σέλινο, ντομάτα, λάχανο, αγγούρι, μαϊντανός, καρότο, πράσο

1. ____________________

2. ____________________

3. ____________________

4. ____________________

5. ____________________

6. ____________________

7. ____________________

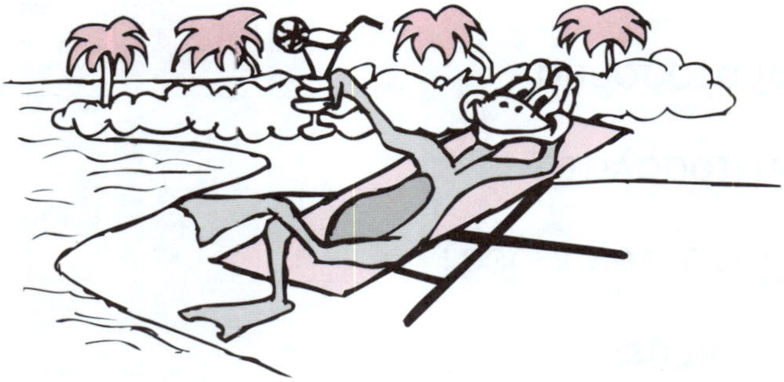

Ορθογραφική παρατήρηση

Το επίθετο **ψιλός,** που γράφεται με **γιώτα (ι),** σημαίνει **λεπτός,** ενώ το επίθετο **ψηλός,** που γράφεται με **ήτα (η),** σημαίνει αυτόν που έχει μεγάλο **ύψος.**

Παραδείγματα

ψιλό καλάμι = **λεπτό**

ψηλό καλάμι = **έχει μεγάλο ύψος**

Τα γέλια των βαθρακών

Λέξεις και φράσεις που χρειάζονται προσοχή

βαθρακούς: βατράχια. Για το βάτραχο υπάρχουν διάφορες ονομασίες: μπακακάκι, σφάρδακλας, ζάμπα.

μας περγελούνε: μας περιγελάνε, μας κοροϊδεύουν.

Με άλλα λόγια το μάθημα

Σ' αυτό το χαριτωμένο ποιηματάκι, ο ποιητής στέκεται μπροστά σε μια λιμνούλα και μας λέει τι βλέπει. Αυτό που βλέπει δεν είναι τίποτε άλλο από βατράχια.

Κάθονται, λοιπόν, τα βατράχια, μικρά και μεγάλα, πάνω στα νούφαρα και από κει κάνουν βουτιές μέσα στο νερό. Ξαναβγαίνουν, ξαναβουτάνε. Άλλα κάθονται και λιάζονται. Άλλα συζητούν μεταξύ τους.

Ό,τι κι αν κάνουν, όμως, όλα τα βατράχια ακούγονται σαν να γελούν. Ο ήχος της φωνής τους, αυτός ο παράξενος και ξεχωριστός ήχος, που ο καθένας θα τον καταλάβαινε αμέσως, μοιάζει με γέλιο. Και όλα μαζί, όπως γελούν, είναι σαν μας κοροϊδεύουν.

Η γραμματική του μαθήματος

Ανάμεσα στα διάφορα επίθετα υπάρχουν και μερικά, πολύ λίγα, που τελειώνουν σε **-ύς, -ιά, -ύ**.

Δηλαδή: το **αρσενικό** έχει κατάληξη **-ύς**,
το **θηλυκό** έχει κατάληξη **-ιά**,
και το **ουδέτερο** έχει κατάληξη **-ύ**.

Παραδείγματα

ο βαθύς ποταμός **η βαθιά** θάλασσα
το βαθύ ποτάμι

ο μακρύς δρόμος **η μακριά** κουρτίνα
το μακρύ σκοινί

Όπως θα προσέξατε, συμβαίνει το εξής: το **ύψιλον (υ)** υπάρχει μόνο στην κατάληξη του **αρσενικού** και του **ουδετέρου**, ενώ στο θηλυκό γίνεται **γιώτα (ι)**.

Τα επίθετα αυτά, όπως είπαμε, είναι πολύ λίγα, τα εξής:

αρσενικό	**θηλυκό**	**ουδέτερο**
ο βαθύς	η βαθιά	το βαθύ
ο βαρύς	η βαριά	το βαρύ
ο μακρύς	η μακριά	το μακρύ
ο παχύς	η παχιά	το παχύ
ο πλατύς	η πλατιά	το πλατύ
ο φαρδύς	η φαρδιά	το φαρδύ

Εξάσκηση

✎ *Κάποιο παιδί μπερδεύτηκε και, ενώ έγραψε το σωστό επίθετο για κάθε ουσιαστικό, το έβαλε σε λάθος γένος. Διαβάζω τι έγραψε.*

η μακριά κορδόνι

ο μακρύς ρόμπα

το βαρύ πέτρα

η φαρδιά διάδρομος

η βαριά ελέφαντας

η παχιά γουρούνι

ο βαθύς πηγάδι

το βαθύ λίμνη

το μακρύ δρόμος

η πλατιά καθρέφτης

✎ *Γράφω ξανά την άσκηση, με το ίδιο επίθετο κάθε φορά αλλά στο σωστό γένος, όπως στο παράδειγμα.*

το μακρύ κορδόνι

__________ ρόμπα

__________ πέτρα

__________ διάδρομος

__________ ελέφαντας

__________ γουρούνι

__________ πηγάδι

__________ λίμνη

__________ δρόμος

__________ καθρέφτης

Ο Σαρλό από την τηλεόραση

Λέξεις και φράσεις που χρειάζονται προσοχή

Σαρλό (Τσάρλι Τσάπλιν): Ο Τσάρλι Τσάπλιν ήταν ένας Άγγλος ηθοποιός, που έζησε πριν από αρκετά χρόνια. Σε όλες του τις ταινίες είχε το όνομα Σαρλό, κι έτσι τον γνωρίζουμε. Όταν έπαιζε ο Τσάρλι Τσάπλιν, στις ταινίες δεν ακουγόταν φωνή. Είχαν μόνο εικόνα, κι αυτή ασπρόμαυρη.

Με άλλα λόγια το μάθημα

Στο Στέφανο και στη Χαρούλα, που είναι αδέρφια, αρέσει πολύ ο Σαρλό. Όποτε η τηλεόραση προβάλλει ταινία με το Σαρλό, δεν τη χάνουν. Τους αρέσει τόσο πολύ, επειδή τους κάνει να γελάνε.

Μαζί με τα παιδιά παρακολουθούν την ταινία και οι γονείς τους. Μάλιστα, τους έχουν πει ότι το κανονικό όνομα του ηθοποιού είναι Τσάρλι Τσάπλιν. Σαρλό είναι το όνομα που έχει στις ταινίες.

Φοράει πάντα τα ίδια ρούχα. Ένα κοστούμι με στενό σακάκι και φαρδύ παντελόνι και κάτι χοντρά παπούτσια. Στο χέρι κρατάει ένα μπαστούνι. Τα παιδιά γελούν και με το περπάτημά του: περπατάει σαν κουρδισμένος.

Στις ταινίες του κάνει όλο γκάφες, για να γελάμε εμείς. Τις πιο πολλές φορές είναι λυπημένος, αλλά δεν το δείχνει. Στους καλούς ανθρώπους και σ' αυτούς που αγαπάει είναι πάντα γελαστός.

Η γραμματική του μαθήματος

Όπως ξέρουμε, τα ρήματα παίρνουν διάφορες μορφές, ανάλογα με το τι θέλουν να μας δείξουν.

Μία από αυτές τις μορφές είναι και η **μετοχή**.

Οι μετοχές μοιάζουν με τα επίθετα. Έχουν κι αυτές τρία γένη (αρσενικό, θηλυκό, ουδέτερο).

Οι μετοχές έχουν τις καταλήξεις

-μένος, -μένη, -μένο.

Παραδείγματα

χτυπώ → χτυπη**μένος**, χτυπη**μένη**, χτυπη**μένο**

απλώνω → απλω**μένος**, απλω**μένη**, απλω**μένο**

Γι' αυτό και οι κωμωδίες του Σαρλό είναι γνωστές ως βουβές κωμωδίες, επειδή δεν ακουγόταν φωνή.

σαστισμένο: τα έχει χαμένα, δεν ξέρει τι να κάνει.

πέφτει σε γκάφες: κάνει λάθος πράγματα. Κάνει κάτι που δεν πρέπει να το κάνει, λέει κάτι που δεν πρέπει να το πει ή κάνει κάποια ζημιά.

γρανάζια: ροδέλες, μεγάλες ή μικρές, με δοντάκια, που βρίσκονται μέσα στις μηχανές, όπως βλέπεις στην παρακάτω εικόνα.

Μερικές από αυτές τις μετοχές, ανάλογα με το ρήμα, τελειώνουν σε **-σμένος, -σμένη, -σμένο**.

Κι εδώ θα πρέπει να προσέξετε το **-σμ-,** που ακούγεται **-ζμ-**. Δε γράφεται, όμως, με **ζ** αλλά με **σ**.

Παραδείγματα

χτίζω → χτι**σμένος,** χτι**σμένη,** χτι**σμένο**

ποτίζω → ποτι**σμένος,** ποτι**σμένη,** ποτι**σμένο**

Εξάσκηση

✎ *Από τα παρακάτω ρήματα φτιάχνω μετοχές και στα τρία γένη, όπως στα παραδείγματα.*

χτενίζω: **χτενισμένος, χτενισμένη, χτενισμένο**

κρατώ: **κρατημένος, κρατημένη, κρατημένο**

βρέχομαι: ______________________

____

καρφώνω: ______________________________

____

γκρεμίζω: ______________________________

____

κουράζομαι: ______________________________

____

χάνομαι: ______________________________

____

λούζομαι: ______________________________

____

λύνομαι: ______________________________

____

φωτίζω: ______________________________

____

τυλίγω: ______________________________

____

σβήνω: ______________________________

____

δένω: ______________________________

____

Έσπασε το βάζο

Λέξεις και φράσεις που χρειάζονται προσοχή

λιχούδης: έτσι λέμε κάποιον που του αρέσουν οι διάφορες λιχουδιές, τα γλυκά, τα μεζεδάκια, και τρώει ακόμα και όταν είναι χορτασμένος.

Με άλλα λόγια το μάθημα

Σε όλα τα σπίτια υπάρχουν δυσκολίες για τα μικρά παιδιά, γιατί οι μεγάλοι φτιάχνουν όλα τα πράγματα σύμφωνα με τα μέτρα τους: τις βρύσες, τα ντουλάπια, τους καθρέφτες, όλα.

Έτσι και ο Δημητράκης, ένα μικρό αγόρι, δυσκολεύεται στο σπίτι του. Και ακόμα πιο πολύ σήμερα, γιατί η μαμά έφτιαξε ένα γλυκό και το έχει βάλει στο πάνω ντουλάπι. Πώς θα το φτάσει ο Δημητράκης, για να φάει λίγο;

Ώσπου του έρχεται μια ιδέα. Παίρνει ένα σκαμνί και ανεβαίνει. Αλλά δε φτάνει στο ντουλάπι. Παίρνει ένα άλλο σκαμνί, ψηλότερο. Τώρα φτάνει το βάζο.

Για κακή του τύχη, όμως, το βάζο τού πέφτει απ' τα χέρια και γίνεται κομμάτια στο πάτωμα.

Ευτυχώς που εκείνη τη στιγμή ήρθε η αδερφή του και θα τα μαζέψουν.

δεν μπορεί ν' αντέξει στον πειρασμό: δεν μπορεί να βγάλει απ' το μυαλό του το γλυκό. Το σκέφτεται συνέχεια και θέλει οπωσδήποτε να φάει.

κατεργαράκο: μικρός κατεργάρης. Αυτός που κάνει αστεία ή μικρές ζημιές.

Η γραμματική του μαθήματος

Πολλές φορές, καθώς μιλάμε ή γράφουμε, χρειάζεται να συγκρίνουμε δύο ή και περισσότερα πράγματα μεταξύ τους. Χρειάζεται, δηλαδή, να κάνουμε **σύγκριση**.

Στη σύγκριση μας βοηθούν τα επίθετα, και μάλιστα μας προσφέρουν δύο τρόπους:

✓ ή βάζουμε στο επίθετο την κατάληξη **-ότερος, -ότερη, -ότερο**

✓ ή βάζουμε μπροστά από το επίθετο τη λεξούλα **πιο**.

Παραδείγματα

μαλακός	→ μαλακ**ότερος**	ή	**πιο** μαλακός
σκληρή	→ σκληρ**ότερη**	ή	**πιο** σκληρή
νόστιμο	→ νοστιμ**ότερο**	ή	**πιο** νόστιμο

Εξάσκηση

✎ *Γράφω με δύο τρόπους πώς θα γίνουν τα παρακάτω επίθετα μετά από μια σύγκριση, όπως στο παράδειγμα.*

απαλός: **απαλότερος ή πιο απαλός**

έξυπνη: __________

καθαρό: __________

μαλακή: __________

φθηνός: __________

πικρό: __________

φωτεινή: __________

παλιό: __________

✎ *Διαβάζω προσεχτικά τις δύο προτάσεις κι έπειτα τις γράφω σε μία,* ***ξεκινώντας από τη δεύτερη,*** *όπως στο παράδειγμα.*

– Ο Γιώργος είναι ψηλός.

– Ο Μαρίνος είναι ψηλότερος.

Ο Μαρίνος είναι ψηλότερος

από το Γιώργο.

– Το μπιφτέκι είναι νόστιμο.

– Το σουβλάκι είναι νοστιμότερο.

____

____

– Η κουβέρτα είναι απαλή.

– Η πετσέτα είναι απαλότερη.

____

____

– Ο Πάνος είναι γρήγορος.

– Ο Άρης είναι γρηγορότερος.

____

____

Σκέφτομαι και γράφω

Μια ζημιά που έκανα κι εγώ χωρίς να το θέλω

Κάποτε, η μαμά είχε αγοράσει ένα καινούριο κουτάκι με μπογιές από αυτές που βάζουν οι γυναίκες στο πρόσωπο και στα μάτια τους. Το είχα δει μέσα στα πράγματά της και μου άρεσαν τα χρώματα που είχε.

Μια μέρα, αποφάσισα να το «δανειστώ» για λίγο και να παίξω με τις κούκλες μου. Πήρα, λοιπόν, όλες τις κούκλες που είχα και τις πήγα στο σαλόνι. Μετά πήγα στο δωμάτιο της μαμάς, πήρα το κουτάκι με τις μπογιές, ένα κραγιόν και μερικά κολιέ.

Άρχισα να βάφω τις κούκλες. Έβαφα τα μάτια τους και τα μάγουλά τους. Σε άλλη έβαζα πράσινο χρώμα, σε άλλη μπλε, σε άλλη ροζ. Μάλιστα, τους έβαζα πολλή μπογιά, για να φαίνεται. Μετά τους έβαζα και κραγιόν. Μόλις τέλειωνα τη μια, άρχιζα την άλλη.

Ήμουν στην τελευταία κούκλα, όταν άκουσα πίσω μου τη φωνή της μαμάς:

– Τι πράγματα είναι αυτά; Κοίτα πώς έγινε ο καναπές!

Ο καναπές του σαλονιού είχε γεμίσει από τις μπογιές και είχε λερωθεί πάρα πολύ. Η μαμά μού έβαλε τις φωνές, αλλά στο τέλος τον καθαρίσαμε μαζί. Οι κούκλες μου, πάντως, είχαν γίνει όμορφες.

Αντιγόνη

Το κλεφτόπουλο και το δέντρο

Λέξεις και φράσεις που χρειάζονται προσοχή

άγουρος: μικρός ακόμα στην ηλικία.

απόσκιο: που είχε ίσκιο από κάτω του.

καλοκαρτέρεσέ με: φιλοξένησέ με.

απόστασα: κουράστηκα.

κλώνοι: κλωνάρια, κλαδιά.

άρματα: έτσι έλεγαν παλιά τα όπλα.

Με άλλα λόγια το μάθημα

Αυτό το δημοτικό τραγούδι μάς μεταφέρει στα χρόνια της Ελληνικής Επανάστασης του 1821, όταν οι Έλληνες αποφάσισαν να ελευθερωθούν από τους Τούρκους.

Ένας νεαρός πολεμιστής, ένα κλεφτόπουλο, που πολεμούσε όλη τη μέρα, έψαχνε ένα κάστρο ή ένα χωριό, για να μείνει λίγο και να ξεκουραστεί. Το μόνο που βρήκε, όμως, ήταν ένα δέντρο.

Παρακάλεσε, λοιπόν, το δέντρο να τον αφήσει να κοιμηθεί λιγάκι στον ίσκιο του. Το δέντρο τον καλοδέχτηκε και του είπε ότι μπορεί να δέσει εκεί το άλογό του, να κρεμάσει στα κλαδιά τα όπλα του και ο ίδιος να κοιμηθεί στον ίσκιο του όσο θέλει.

Για τον εαυτό του, το δέντρο ζήτησε από το κλεφτόπουλο να του ρίξει λίγο νεράκι πριν φύγει, για να το ποτίσει.

Ως πότε, παλικάρια,
θα ζούμε στα στενά
μονάχοι σαν λιοντάρια
στις ράχες, στα βουνά;

Καλύτερα μιας ώρας
ελεύθερη ζωή
παρά σαράντα χρόνια
σκλαβιά και φυλακή.

από το Θούριο
του Ρήγα Φεραίου

Εξάσκηση

✎ *Βάζω σε αλφαβητική σειρά τις παρακάτω λέξεις.*

επανάσταση, κλεφτόπουλα, άρματα, σκλαβιά, πατρίδα, ήρωες, μανάδες, γενναίοι, θυσία, λευτεριά

1. ____________ 6. ____________

2. ____________ 7. ____________

3. ____________ 8. ____________

4. ____________ 9. ____________

5. ____________ 10. ____________

✎ *Γράφω δίπλα σε κάθε λέξη μία συνώνυμή της, όπως στο παράδειγμα.*

~~σπίτι~~, άνεμος, βλέπω, φαγητό, ασθενής, επιθυμώ, βλέμμα, μελετώ, ησυχία, καταιγίδα

κατοικία: **σπίτι**

ματιά: ____________

τροφή: ____________

μπόρα: ____________

ηρεμία: ____________

αέρας: ____________

θέλω: ____________

διαβάζω: ____________

κοιτάζω: ____________

άρρωστος: ____________

Τα δημοτικά τραγούδια

Ξέρετε, αλήθεια, τι είναι τα δημοτικά τραγούδια;

Μα και βέβαια ξέρετε, αφού όλοι σας κάποια στιγμή όλο και κάποιο δημοτικό τραγούδι θα έχετε ακούσει.

Γιατί, όμως, τα λένε **δημοτικά**;

Τα δημοτικά τραγούδια ξεκίνησαν από εκείνη την παλιά εποχή που η Ελλάδα ήταν σκλαβωμένη στους Τούρκους. Ο κόσμος υπέφερε και λαχταρούσε να ελευθερωθεί. Ο αγώνας για την ελευθερία, όμως, δεν μπορούσε να γίνει από τη μια στιγμή στην άλλη. Έπρεπε να ετοιμαστεί καλά, να οργανωθεί. Κι έτσι, η λευτεριά αργούσε.

Οι άνθρωποι, λοιπόν, ήθελαν να εκφράσουν με κάποιο τρόπο τον καημό τους, την πίκρα τους αλλά και την ελπίδα τους. Έτσι, δημιουργήθηκαν από κάποιους ανθρώπους τα δημοτικά τραγούδια. Κάποιος σκέφτηκε ένα τραγούδι, άλλος σκέφτηκε κάποιο άλλο και σιγά σιγά, από στόμα σε στόμα, τα μάθαιναν και τα τραγουδούσαν όλοι. Και επειδή εμείς σήμερα δεν ξέρουμε ποιος δημιούργησε το καθένα, τα λέμε με ένα όνομα **δημοτικά**. Εννοούμε, δηλαδή, ότι τα έφτιαξε ο **δήμος**, που σημαίνει ο **λαός**.

Οι άνθρωποι του λαού, λοιπόν, έφτιαξαν τα δημοτικά μας τραγούδια και μέσα από αυτά νιώθουμε τη λαχτάρα για μια ελεύθερη Ελλάδα.

Πειράματα με μια πορτοκαλάδα

Λέξεις και φράσεις που χρειάζονται προσοχή

πειράματα: πείραμα είναι μια δοκιμή που κάνουμε για να καταλάβουμε κάτι ή για να δούμε πώς λειτουργεί κάτι ή για να δείξουμε σε κάποιον άλλο κάτι που δεν το ξέρει. Ένα πείραμα δε γίνεται με λόγια αλλά με κάποια αντικείμενα που χρειάζονται.

Με άλλα λόγια το μάθημα

Ο Μενέλαος και η Λουκία είναι δυο αδέρφια. Ο Μενέλαος είναι μικρός και η Λουκία είναι μεγαλύτερη. Επειδή ο Μενέλαος είναι μικρός, μερικά πράγματα δεν τα καταλαβαίνει και δημιουργούνται μικροπροβλήματα.

Όπως όταν πίνουν πορτοκαλάδα. Η Λουκία τού ρίχνει τη μισή σε ένα ποτήρι και η ίδια πίνει από το μπουκάλι. Στο ποτήρι, όμως, η πορτοκαλάδα φαίνεται λιγότερη κι έτσι ο Μενέλαος γκρινιάζει.

Ώσπου, μια μέρα, η Λουκία σκέφτηκε να του κάνει ένα πείραμα, για να του δείξει

της κάνει σκηνές: της γκρινιάζει.

του κάκου: αυτή η φράση σημαίνει «μάταια». Δηλαδή, όσο κι αν προσπαθεί κάποιος, δεν καταφέρνει τίποτα. Έτσι και η Λουκία. Όσο κι αν προσπαθούσε να εξηγήσει κάτι στον αδερφό της, δεν κατάφερνε τίποτα.

σοφίζεται: σκέφτεται, της έρχεται μια ιδέα.

ότι η πορτοκαλάδα είναι ίση και στο ποτήρι και στο μπουκάλι. Έριξε και τη δική της σ' ένα ποτήρι κι έτσι ο μικρός κατάλαβε ότι είχε άδικο να φωνάζει.

Και για να μην του μείνει καμία αμφιβολία, η Λουκία έριξε τη δική του πορτοκαλάδα μέσα στο μπουκάλι. Ο Μενέλαος είδε το «λίγο» να γίνεται «πολύ» κι επιτέλους κατάλαβε τι συμβαίνει.

Από τότε η Λουκία πίνει την πορτοκαλάδα με την ησυχία της.

Ορθογραφική παρατήρηση

Το επίθετο **περισσότερος**, **περισσότερη**, **περισσότερο** γράφεται με **δύο σίγμα (σσ)**.

Αν θέλουμε, όμως, αντί γι' αυτό το επίθετο μπορούμε να χρησιμοποιήσουμε τις εξής φράσεις:

αντί για **περισσότερος,**
να πούμε **πιο πολύς**,

αντί για **περισσότερη,**
να πούμε **πιο πολλή**,

αντί για **περισσότερο,**
να πούμε **πιο πολύ**.

Εξάσκηση

✎ *Γράφω το επίθετο* ***περισσότερος, περισσότερη, περισσότερο*** *στα κενά των παρακάτω προτάσεων. Για να καταλάβω ποια λέξη ταιριάζει, προσέχω το γένος των ουσιαστικών. Γράφω όπως στο παράδειγμα.*

– Πέρασε **περισσότερος**__________ καιρός από την άλλη φορά.

– Βάλε μου ____________________ φαγητό.

– Θέλω να πιω ____________________ πορτοκαλάδα.

– Ο ____________________ χρόνος μου περνάει με προπόνηση.

– Μέσα στο βάζο έχει _______________ μαρμελάδα.

– Το ____________________ νερό το ήπια εγώ.

✎ *Αντιστοιχίζω τα αντίθετα, όπως στο παράδειγμα.*

περισσότερο •	• πιο λίγο
ψηλότερο •	• πιο ελαφρύ
βαρύτερο •	• μικρότερο
πιο ψηλό •	• λιγότερο
πιο μεγάλο •	• πιο χαμηλό
πιο βαρύ •	• ελαφρύτερο
πιο πολύ •	• πιο μικρό
μεγαλύτερο •	• χαμηλότερο

✎ *Οι παρακάτω προτάσεις έχουν συγκρίσεις. Τις διαβάζω προσεχτικά και μετά τις γράφω ανάποδα. Δηλαδή, ξεκινώ από το τελευταίο ουσιαστικό και γράφω το αντίθετο επίθετο, όπως στο παράδειγμα.*

Το πλυντήριο είναι χαμηλότερο από το ψυγείο.

→ **Το ψυγείο είναι ψηλότερο από το πλυντήριο.**

Το βαρέλι χωράει περισσότερο

από το μπουκάλι.

→ ____________________________________

____

Η ξύστρα είναι μικρότερη

από τη σβήστρα.

→ ____________________________________

____

Το ποδήλατο είναι πιο ελαφρύ

από το αμάξι.

→ ____________________________________

____

Η τσάντα είναι πιο μεγάλη από την κασετίνα.

→ ____________________________________

____

Μια άλλη επικεφαλίδα για το μάθημα

Πώς αλλιώς θα μπορούσε να λέγεται το μάθημά μας;

Μήπως **«Ο μικρός Μενέλαος και η πορτοκαλάδα»;**
Μήπως **«Οι μπελάδες που φέρνει μια πορτοκαλάδα»;**
Ίσως θα μπορούσαμε να πούμε **«Το μπέρδεμα του Μενέλαου»;**
Ή μήπως **«Μια πορτοκαλάδα που γινόταν πολλή και λίγη»;**

✎ *Διαλέγω όποια επικεφαλίδα μού αρέσει ή σκέφτομαι κάποια δική μου.*

____

____

____

____

____

Η κολοκυθιά

Λέξεις και φράσεις που χρειάζονται προσοχή

Χαρά στο πράμα: αυτή είναι μια έκφραση που τη λέμε όταν θέλουμε να δείξουμε ότι κάτι δεν είναι και τίποτα το σπουδαίο. Μπορούμε να το πούμε και «σιγά τα λάχανα!».

ντουζίνα: αυτή είναι μια ξένη λέξη, που τη χρησιμοποιούμε κι εμείς και σημαίνει δωδεκάδα, δηλαδή δώδεκα πράγματα μαζί. π.χ. «Ήταν μια **ντουζίνα** παιδιά κι έπαιζαν μπάλα.» Δηλαδή: «Ήταν δώδεκα παιδιά κι έπαιζαν μπάλα».

Με άλλα λόγια το μάθημα

Μια παρέα παιδιών παίζει ένα παιδικό παιχνίδι, την κολοκυθιά. Η κολοκυθιά παίζεται ως εξής:

Μαζεύονται τα παιδιά και το καθένα παίρνει ένα νούμερο με τη σειρά. Έπειτα αρχίζει κάποιο παιδί να λέει ότι είναι μια κολοκυθιά που κάνει τόσα κολοκύθια.

Αμέσως, το παιδί που έχει αυτό το νούμερο πρέπει να μιλήσει και να πει γιατί να κάνει τόσα και να μην κάνει κάποιον άλλο αριθμό.

Με τη σειρά του, το παιδί που έχει αυτό

το άλλο νούμερο πρέπει να μιλήσει και να πει έναν καινούριο αριθμό. Και πάει λέγοντας.

Αν κάποιο παιδί δε μιλήσει όταν ακουστεί ο αριθμός του, τότε χάνει και πρέπει να κάνει κάτι που θα του πουν τα άλλα παιδιά: να κάνει το σκύλο ή την αγελάδα ή το τρένο ή οτιδήποτε άλλο σκεφτούν.

Έτσι διασκεδάζει και αυτή η παρέα με την κολοκυθιά.

Η γραμματική του μαθήματος

Πολλές φορές, όταν μιλάμε ή γράφουμε, αναφέρουμε αριθμούς. Στην αριθμητική τους αριθμούς τούς γράφουμε με νούμερα, στη γραμματική όμως τους γράφουμε με λέξεις.

Οι λέξεις αυτές ονομάζονται **αριθμητικά.**

> **Αριθμητικά είναι οι λέξεις που μας φανερώνουν έναν αριθμό ή μια σειρά.**

Παραδείγματα

Δώσε μας **δύο** μολύβια. **(αριθμός)**

Κάθομαι στο **δεύτερο** θρανίο. **(σειρά)**

Στο μάθημα αυτό θα μάθουμε μόνο τα αριθμητικά που μας δείχνουν αριθμό και όχι αυτά που μας δείχνουν σειρά. Ας δούμε ποια είναι.

αριθμοί	**αριθμητικά**
1	ένας, μία (μια), ένα
2	δύο (δυο)
3	τρεις, τρία
4	τέσσερις, τέσσερα
5	πέντε
6	έξι
7	εφτά (επτά)
8	οχτώ (οκτώ)
9	εννιά (εννέα)
10	δέκα
11	έντεκα
12	δώδεκα
13	δεκατρείς, δεκατρία
14	δεκατέσσερις, δεκατέσσερα
15	δεκαπέντε
16	δεκαέξι
17	δεκαεφτά
18	δεκαοχτώ
19	δεκαεννιά
20	είκοσι
30	τριάντα

αριθμοί	αριθμητικά
40	σαράντα
50	πενήντα
60	εξήντα
70	εβδομήντα
80	ογδόντα
90	ενενήντα
100	εκατό

Θα πρέπει να προσέξουμε κάποια σημεία που έχουν σχέση με την ορθογραφία.

✓ Τα αριθμητικά από το **δεκατρία** ως και το **δεκαεννιά** γράφονται με **μία λέξη** (από το **ένα** ως και το **δώδεκα** έτσι κι αλλιώς γράφονται με μία λέξη).

✓ Ενώ το **εννιά** γράφεται με δύο **νι (νν)**, το **ενενήντα** γράφεται με ένα **νι (ν)**.

✓ Απο το **είκοσι ένα** και πάνω, τα αριθμητικά γράφονται με **δύο λέξεις**, εκτός φυσικά από τις «στρογγυλές» δεκάδες.

Παραδείγματα

είκοσι τρία **σαράντα οχτώ**

ογδόντα εννιά

Όπως βλέπουμε και στον πίνακα, οι αριθμοί 1, 3 και 4 δε λέγονται μόνο με έναν τροπο. Το 1 γράφεται με τρεις τρόπους και τα 3 και 4 γράφονται με δύο τρόπους.

Γιατί, όμως, γίνεται αυτό;

Αυτό γίνεται γιατί, ανάλογα με το γένος του ουσιαστικού, αλλάζει η ονομασία των αριθμητικών αυτών. Διαφορετικά τα γράφουμε αν συνοδεύουν αρσενικό ουσιαστικό και διαφορετικά αν συνοδεύουν θηλυκό ή ουδέτερο. Προσέξτε:

		αρσενικό	**θηλυκό**	**ουδέτερο**
1	→	ένας	μία (μια)	ένα

		αρσενικό - θηλυκό	**ουδέτερο**
3	→	τρεις	τρία
4	→	τέσσερις	τέσσερα

Παραδείγματα

Ήρθε **ένας** άνθρωπος. **(αρσενικό)**

Είδα **μία** γυναίκα. **(θηλυκό)**

Παίζω με **ένα** παιδί. **(ουδέτερο)**

Πέρασαν **τρεις** ώρες. **(θηλυκό)**

Έφαγα **τέσσερα** μήλα. **(ουδέτερο)**

Σημείωση

Για περισσότερες πληροφορίες αλλά και εξάσκηση σχετικά με τα αριθμητικά μπορείτε να ανατρέξετε στο βιβλίο *Γραμματική Β΄ Δημοτικού* από τις εκδόσεις ΣΑΒΒΑΛΑ.

Εξάσκηση

✎ *Γράφω με αριθμητικά τους παρακάτω αριθμούς.*

6 : ______________________

96 : ______________________

18 : ______________________

17 : ______________________

70 : ______________________

53 : ______________________

39 : ______________________

12 : ______________________

64 : ______________________

19 : ______________________

✎ *Διαβάζω τον αριθμό στην παρένθεση και γράφω το κατάλληλο αριθμητικό, προσέχοντας το γένος, όπως στο παράδειγμα.*

(1) **ένα** ________ παιδί

(1) ____________ χρόνος

(3) ____________ μπάλες

(4) ____________ ώρες

(4) __________ θρανία

(1) __________ ομάδα

(1) __________ κούνια

(3) __________ μήνες

(3) __________ κιλά

(1) __________ ζωγραφιά

✎ *Γράφω κι αυτούς τους αριθμούς με αριθμητικά.*

11 : ____________________

14 : ____________________

42 : ____________________

27 : ____________________

8 : ____________________

99 : ____________________

95 : ____________________

16 : ____________________

60 : ____________________

81 : ____________________

✎ *Σκέφτομαι και γράφω το κατάλληλο αριθμητικό στα κενά των παρακάτω προτάσεων.*

– Η λέξη «αριθμητικά» έχει ______________ γράμματα.

– Στην τάξη μου είμαστε ______________ παιδιά.

– Το πουκάμισο του μπαμπά έχει ______________ μανίκια.

– ______________ ρόδες έχει το αυτοκίνητο.

– Το Γράφω και μαθαίνω αυτού του μαθήματος είναι στη σελίδα ______________________ .

– Ο Μάρτιος έχει ______________ ημέρες.

– Η λέξη «αγγουροντοματοσαλάτα» έχει ______________ συλλαβές.

– Έξι εβδομάδες μαζί έχουν ______________________ ημέρες.

– Ο χρόνος έχει ______________ μήνες.

– Ο Φεβρουάριος άλλες φορές έχει

_________________ ημέρες κι άλλες

φορές έχει _______________ ημέρες.

– Η λέξη «μπανανόφλουδα» έχει

____________ γράμματα.

– Το δημοτικό σχολείο έχει

____________ τάξεις.

– Τέσσερις ημέρες μαζί έχουν

__________________ ώρες.

– Η αλφαβήτα έχει

__________________ γράμματα.

Κρυφτό

Με άλλα λόγια το μάθημα

Αυτό το ποιηματάκι μάς περιγράφει ένα στιγμιότυπο από το παιχνίδι μιας παρέας παιδιών.

Κάποια παιδιά, λοιπόν, έχουν μαζευτεί και παίζουν κρυφτό. Τα «φυλάει» ο Θοδωρής και τα άλλα παιδιά τρέχουν να κρυφτούν. Ο Θοδωρής, με κλειστά τα μάτια, μετράει μέχρι το εννιά και μετά ανοίγει τα μάτια του κι αρχίζει να ψάχνει.

Ένα από τα παιδιά, η Μαριορή, έχει κρυφτεί πίσω από μερικά ηλιοτρόπια. Είναι καλή αυτή η κρυψώνα και η Μαριορή δε φαίνεται.

Λέξεις και φράσεις που χρειάζονται προσοχή

Τα μάτια κλείνουν και μετρούν: φυσικά, το παιδί που τα «φυλάει» δε μετράει με τα μάτια. Απλώς εδώ αναφέρεται τα ξεκίνημα του κρυφτού: ένα παιδί κλείνει τα μάτια κι αρχίζει να μετράει μέχρι εκεί που έχουν κανονίσει.

σκολιαρόπαιδα: τα μικρά παιδιά του δημοτικού σχολείου (από τις λέξεις «σκολειό» και «παιδιά»).

Ο Θοδωρής, όμως, πρόσεξε τα μάτια της ανάμεσα στα λουλούδια κι έτσι τη βρήκε και την έπιασε. Η Μαριορή δεν μπόρεσε να τα «φτύσει».

Εξάσκηση

✎ *Διαβάζω τον αριθμό στην παρένθεση και γράφω το κατάλληλο αριθμητικό, προσέχοντας το γένος, όπως στο παράδειγμα.*

(3) **τρία** ______ κουμπιά

(1) ______ δουλειά

(1) ______ σκύλος

(4) ______ φίλοι

(4) ______ πόρτες

(3) ______ κορίτσια

(3) ______ βρύσες

(1) ______ κύριος

(4) ______ μέτρα

(3) ______ αριθμοί

✎ *Βάζω τους παρακάτω αριθμούς σε αλφαβητική σειρά, γράφοντάς τους με αριθμητικά.*

ηλιοτρόπια: μεγάλα λουλούδια, που μοιάζουν με ψηλές μαργαρίτες. Τα ηλιοτρόπια λέγονται αλλιώς και ήλιοι. Λέγονται έτσι γιατί γυρίζουν το «κεφάλι» τους, δηλαδή το λουλούδι τους, προς τα εκεί που βρίσκεται ο ήλιος.

σπιθίζουν: φεγγοβολούν. Δηλαδή, η Μαριορή είχε λαμπερά μάτια.

αιχμάλωτη του Θοδωρή: ο Θοδωρής βρήκε και έπιασε τη Μαριορή.

32, 14, 98, 46, 89, 50

1. ____________ 4. ____________

2. ____________ 5. ____________

3. ____________ 6. ____________

✎ *Διαβάζω τον αριθμό στην παρένθεση και γράφω το κατάλληλο αριθμητικό, προσέχοντας το γένος, όπως στο παράδειγμα.*

(13) **δεκατρία** ____________ μπαλάκια

(31) ____________ χρόνοι

(21) ____________ γλάστρες

(13) ____________ φούστες

(14) ____________ χέρια

(14) ____________ λάμπες

(41) ____________ πιάτα

(91) ____________ μπίλιες

(23) ____________ λίμνες

(24) ____________ γράμματα

✎ *Σκέφτομαι και γράφω το κατάλληλο αριθμητικό στα κενά των παρακάτω προτάσεων, προσέχοντας το γένος.*

- Πέρασε ______________ χρόνος από πέρσι.
- Διάβασα μόνο ______________ σελίδα.
- Όταν γράφω, κρατώ στο χέρι μου ______________ μολύβι.
- Το ποίημα «Κρυφτό» έχει ______________ στροφές.
- Το τραπέζι έχει ______________ πόδια.
- Από τις 8 το πρωί ως τις 12 το μεσημέρι πέρασαν ______________ ώρες.
- Η λέξη «ένα» έχει ____________________ γράμματα.
- Από το Α ως και το Ξ είναι ____________________ γράμματα.
- Από το 0 ως και το 12 είναι ____________________ αριθμοί.
- Μια ολόκληρη ημέρα έχει ____________________ ώρες.
- Το μωρό κοιμάται σε ____________________ κούνια.
- Το ποίημα «Κρυφτό» βρίσκεται στη σελίδα ____________________.

Ένα ρολόι για τα σίδερα

Λέξεις και φράσεις που χρειάζονται προσοχή

επιτραπέζιο: έτσι λέγεται κάθε αντικείμενο που είναι φτιαγμένο για να το ακουμπάμε σ' ένα τραπέζι ή σ' ένα κομοδίνο ή κάπου αλλού, και όχι για να το κρεμάμε στον τοίχο.

έλεγε ό,τι του κατέβαινε: έλεγε ό,τι του ερχόταν στο μυαλό, χωρίς να το ξέρει αλλά στην τύχη.

Με άλλα λόγια το μάθημα

Δυο αδερφάκια, ο Χαράλαμπος κι ο Φώτης, έχουν βρει ένα καινούριο, πολύ διασκεδαστικό, παιχνίδι. Πριν από λίγο τούς έδωσε ο πατέρας τους το παλιό ξυπνητήρι. Τους το έδωσε για δικό τους, να το κάνουν ό,τι θέλουν.

Έτσι, ο Φώτης, που είναι ο πιο μεγάλος, κάνει το δάσκαλο στο Χαράλαμπο και του μαθαίνει την ώρα. Ο Χαράλαμπος, όμως, είναι ακόμα μικρός και δεν την ξέρει καλά.

Μετά αρχίζουν να παίζουν με το ξυπνητήρι. Το βάζουν να χτυπάει κι ακούνε το δυνατό κουδούνισμά του. Από το πολύ παιχνίδι, όμως, το ξυπνητήρι χάλασε. Κι έτσι, τα παιδιά αποφάσισαν να το ανοίξουν για να το... φτιάξουν.

Όταν το άνοιξαν, όλα τα εξαρτήματα πετάχτηκαν έξω. Τα παιδιά δεν ήξεραν τι να κάνουν. Ο μπαμπάς πήρε το ξυπνητήρι για να το φτιάξει, αλλά τελικά ούτε κι αυτός τα κατάφερε.

δαιμονισμένο θόρυβο: πάρα πολύ δυνατό θόρυβο. Το ξυπνητήρι ακουγόταν μέχρι αρκετά μακριά.

εξαρτήματα: έτσι λέγονται με μία λέξη όλα τα μικρά ή μεγάλα αντικείμενα από τα οποία αποτελείται μια μηχανή ή μια συσκευή. π.χ. «Η αλυσίδα, τα πετάλια και οι ρόδες είναι **εξαρτήματα** του ποδηλάτου.» Δηλαδή: «Αυτά είναι αντικείμενα με τα οποία δουλεύει το ποδήλατο».

μαστροχαλαστήδες: μαστροχαλαστή λέμε στ' αστεία κάποιον που λέει ότι ξέρει να φτιάξει κάτι, αλλά στην πραγματικότητα δεν ξέρει και το χαλάει.

Μαθαίνω την ώρα

Ο **μικρός δείκτης** δείχνει την **ώρα**.

Ο **μεγάλος δείκτης** δείχνει τα **λεπτά**.

Όταν ο **μεγάλος δείκτης** βρίσκεται στο **12**, η ώρα είναι **ακριβώς** (δηλαδή, ακριβώς αυτό που λέει ο μικρός).

Όταν ο **μεγάλος δείκτης** βρίσκεται στο **6**, η ώρα είναι **και μισή** (δηλαδή, και μισή αυτό που λέει ο μικρός).

Στη **δεξιά πλευρά** του ρολογιού η ώρα είναι **και**.

Παραδείγματα

εφτά ακριβώς

δέκα και μισή

μία και τέταρτο

πέντε παρά τέταρτο

δέκα παρά είκοσι

τρεις και δέκα

Σημείωση

Με βάση το ρολόι της προηγούμενης σελίδας, μπορείτε να εξηγήσετε στο παιδί πώς διαβάζεται η ώρα. Εκείνο που πρέπει να σας ενδιαφέρει πιο πολύ είναι το «ακριβώς», το «και μισή» και το «τέταρτο». Στα υπόλοιπα να προχωρήσετε μόνο αν δείτε ότι το παιδί ανταποκρίνεται, και όχι με το ζόρι. Προσοχή: Μη χρησιμοποιήσετε υποτιμητικές εκφράσεις αν διαπιστώσετε ότι το παιδί δυσκολεύεται. Μόνο **με υπομονή και καλοσύνη** θα πετύχετε το στόχο σας.

Στην **αριστερή πλευρά** του ρολογιού η ώρα είναι **παρά**.

Εξάσκηση

✎ *Γράφω στα κενά των παρακάτω προτάσεων τις ηλικίες που διαβάζω στις παρενθέσεις. Μερικές προτάσεις δεν έχουν παρένθεση, γιατί μιλάνε για ηλικίες που τις γνωρίζω.*

– Φέτος είμαι ______________ χρονών.

– Ο κύριος Θανάσης είναι (39) ________________ χρονών και η γυναίκα του, η κυρία Βάσω, είναι (32) ________________ χρονών.

– Η μαμά μου είναι ________________ χρονών.

– Ο νουνός του Νικολάκη είναι (48) ________________ χρονών.

– Η θεία της Άννας είναι (25) ________________ χρονών.

– Η Θεοδώρα είναι (19) ________________ χρονών και η γιαγιά της είναι (86) ________________.

✎ *Διαβάζω προσεχτικά τι λένε οι δείκτες του ρολογιού και γράφω τι ώρα είναι.*

– Μικρός δείκτης στο οχτώ, μεγάλος στο έξι.

Η ώρα είναι ____________________

– Μικρός δείκτης στο τέσσερα, μεγάλος στο εννιά.

Η ώρα είναι ____________________

– Μικρός δείκτης στο έντεκα, μεγάλος στο δώδεκα.

Η ώρα είναι ____________________

– Μικρός δείκτης στο δύο, μεγάλος στο τρία.

Η ώρα είναι ____________________

✎ *Γράφω κάτω από κάθε ρολόι τι ώρα δείχνει.*

____

____

✎ *Προσπαθώ να γράψω την ώρα και σ' αυτά τα ρολόγια.*

Σκέφτομαι και γράφω

Ένα παιχνίδι μου που το έκανα κι εγώ κομμάτια

Όταν ήμουν πιο μικρός, ο μπαμπάς και η μαμά μού είχαν αγοράσει ένα πάρα πολύ όμορφο παιχνίδι. Ήταν σαν τσαντάκι πλαστικό, με σχήμα τρένου. Είχε πάνω του κουμπιά και, όταν τα πατούσες, έβγαζαν διάφορους ήχους. Κάθε κουμπί έβγαζε και διαφορετικό ήχο: ενός σκυλιού, μιας γάτας, ενός αρνιού, μιας αγελάδας, ενός κόκορα και, φυσικά, του τρένου.

Πάντα είχα την περιέργεια να δω τι έχει μέσα και πώς βγάζει αυτούς τους ήχους. Έτσι, μια μέρα, πήρα τη μεγάλη απόφαση: θα το άνοιγα, για να το ψάξω.

Πήρα ένα κατσαβίδι και άρχισα να το ξεβιδώνω. Την ώρα που έβγαζα τις βίδες, άκουσα κάτι θορύβους από μέσα, αλλά δεν έδωσα σημασία. Μόλις όμως άνοιξα το παιχνίδι, πετάχτηκαν έξω ένα σωρό ελατήρια. Ήταν τα ελατήρια που υπήρχαν πίσω από κάθε κουμπί. Το καθένα ήταν ενωμένο με κάτι πλαστικά ραβδάκια, που έφυγαν κι αυτά από τη θέση τους. Γέμισε ο τόπος από εξαρτήματα. Πώς θα τα ξαναέβαζα στο σωστό μέρος;

Όσο κι αν προσπάθησε ο μπαμπάς μετά, το τρενάκι έμεινε για πάντα βουβό. Τώρα, ούτε που θυμάμαι πού βρίσκεται.

Σπύρος

Το σχολείο του Λουκά

Με άλλα λόγια το μάθημα

Ο Λουκάς είναι ένα αγόρι που μένει σε χωριό. Εκεί, το σχολείο δεν είναι μεγάλο, όπως στις πόλεις. Δεν έχει πολλά παιδιά ούτε πολλούς δασκάλους. Όλα μαζί τα παιδιά και στις έξι τάξεις είναι είκοσι τέσσερα και έχουν ένα μόνο δάσκαλο.

Τα παιδιά είναι όλα μαζί σε μία αίθουσα. Έχουν φτιάξει τα θρανία έτσι ώστε να χωρίζονται σε τρεις μικρές ομάδες: η πρώτη και η δευτέρα τάξη μαζί, η τρίτη και η τετάρτη μαζί, το ίδιο και η πέμπτη με την έκτη.

Το κάθε παιδί κάνει τις εργασίες του,

Λέξεις και φράσεις που χρειάζονται προσοχή

δυάδες: δύο δύο μαζί.

τριάδες: τρία τρία μαζί.

να κάμουν μεταβολή: να γυρίσουν και να κοιτάξουν ακριβώς αντίθετα από τη μεριά που κοίταζαν προηγουμένως.

τον συνοδεύει: είναι μαζί του, πηγαίνει πάντα όπου πηγαίνει και ο Λουκάς.

αλλά ακούει και τα μαθήματα των άλλων. Είναι όλοι σαν μια μικρή οικογένεια.

Όμως, ο Λουκάς έχει δύο δασκάλους. Ο ένας είναι του σχολείου, ο άλλος είναι η φύση του χωριού του. Σ' αυτή βλέπει τα ζώα, τα φυτά, τα χωράφια, το καθετί.

Ένα πράγμα θα ήθελε ο Λουκάς: να ήταν το χωριό του πιο μεγάλο.

Η γραμματική του μαθήματος

Εκτός από τα αριθμητικά που μας φανερώνουν έναν αριθμό, υπάρχουν και τα αριθμητικά που μας φανερώνουν τη **σειρά**.

Παραδείγματα

Κάθομαι στο **δεύτερο** θρανίο.
Η ομάδα μου βγήκε **πρώτη** και πήρε το κύπελλο.

Υπάρχουν, επίσης, και κάποια άλλα αριθμητικά, που μας φανερώνουν όχι απλώς μια ποσότητα αλλά ένα σύνολο πραγμάτων. Αυτά τα αριθμητικά τελειώνουν σε **-άδα**.

Παραδείγματα

τρι**άδα** (τρία μαζί) πεντ**άδα** (πέντε μαζί)

Ας δούμε όλα αυτά τα αριθμητικά σ’ έναν πίνακα μέχρι το 20.

αριθμός	σειρά	σύνολο
1	πρώτος, -η, -ο	μονάδα
2	δεύτερος, -η, -ο	δυάδα
3	τρίτος, -η, -ο	τριάδα
4	τέταρτος, -η, -ο	τετράδα
5	πέμπτος, -η, -ο	πεντάδα
6	έκτος, -η, -ο	εξάδα
7	έβδομος, -η, -ο	εφτάδα
8	όγδοος, -η, -ο	οχτάδα
9	ένατος, -η, -ο	εννιάδα
10	δέκατος, -η, -ο	δεκάδα
11	εντέκατος, -η, -ο	εντεκάδα
12	δωδέκατος, -η, -ο	δωδεκάδα
13	δέκατος τρίτος	δεκατριάδα
14	δέκατος τέταρτος	δεκατετράδα
15	δέκατος πέμπτος	δεκαπεντάδα
16	δέκατος έκτος	δεκαεξάδα
17	δέκατος έβδομος	δεκαεφτάδα
18	δέκατος όγδοος	δεκαοχτάδα
19	δέκατος ένατος	δεκαεννιάδα
20	εικοστός, -ή, -ό	εικοσάδα

Εξάσκηση

✎ *Γράφω τα παρακάτω νούμερα με αριθμητικά που δείχνουν σειρά, όπως στο παράδειγμα.*

2 : **δεύτερος**

11 : ____________

5 : ____________

7 : ____________

1 : ____________

20 : ____________

8 : ____________

12 : ____________

6 : ____________

9 : ____________

✎ *Γράφω τα παρακάτω νούμερα με αριθμητικά που δείχνουν σύνολα, όπως στο παράδειγμα.*

4 : **τετράδα**

2 : ____________

1 : ____________

8 : ____________

12 : ____________

11 : ____________________

5 : ____________________

20 : ____________________

10 : ____________________

3 : ____________________

✎ *Διαβάζω τα νούμερα της παρένθεσης και γράφω το αριθμητικό που δείχνει σειρά, όπως στο παράδειγμα.*

– Πάτησα το (3) **τρίτο** κουμπί.

– Μένω στον (5) ______________ όροφο.

– Κάθομαι στο (9) ______________ θρανίο.

– Μπήκε και ο (12) ______________ παίκτης.

– Κούμπωσα το (8) ______________ κουμπί.

– Σκόνταψα στο (11) ______________ σκαλοπάτι.

– Κάθισε στην (1) ______________ θέση.

Τώρα είν' Απρίλης
Η αυγούλα

Με άλλα λόγια το μάθημα

Αυτό το μάθημα περιλαμβάνει δύο ποιηματάκια. Το πρώτο μάς μιλάει για τον Απρίλη και γενικά για την άνοιξη. Μας λέει ότι ήρθε ο Απρίλης και μαζί του ήρθε κι ο καλός καιρός. Πάει ο χειμώνας και τα κρύα. Σε λίγο έρχεται και το καλοκαίρι. Αυτό μας το τραγουδούν και τα αηδόνια και οι πέρδικες και οι κούκοι και οι τσοπάνηδες με τις φλογέρες τους καθώς πηγαίνουν τα κοπάδια τους σε πιο ψηλά μέρη.

Το δεύτερο ποιηματάκι μάς μιλάει για την αυγούλα, για το ξημέρωμα, για την αρχή της κάθε μέρας. Μας τη θυμίζουν κά-

Λέξεις και φράσεις που χρειάζονται προσοχή

τώρα είναι καλοκαίρι: Ο Απρίλης, φυσικά, δεν είναι μήνας του καλοκαιριού, αλλά της άνοιξης. Απλώς το ποίημα εννοεί ότι από δω και πέρα ο καιρός ζεσταίνει, γίνεται καλύτερος και ότι σε λίγο έρχεται και το καλοκαίρι.

στα πλάγια: στις πλαγιές των βουνών.

θε πρωί ο κόκορας, σαν ξυπνητήρι, ο γάιδαρος με τη δυνατή φωνή του και πάνω απ' όλα ο ήλιος, που ξεπροβάλλει απ' τα βουνά. Είναι σαν να μας λέει να ξυπνήσουμε, να χαρούμε την καινούρια μέρα.

Μας περιμένει το πρωινό μας με φρέσκο γάλα και ζεστό ψωμί.

Και η αυγούλα φροντίζει να γεμίζει τη φύση με όμορφα και ζεστά χρώματα.

Η γραμματική του μαθήματος

✓ Εδώ θα μιλήσουμε πάλι για **μετοχές**. Όχι, όμως, για τις μετοχές που τελειώνουν σε -μένος, -μένη, -μένο, αλλά για κάποιες άλλες, που τελειώνουν σε

-οντας ή **-ώντας.**

Όπως βλέπετε, έχουν μια διαφορά: το **ο** και το **ω**.

> Σε **-οντας** με **ο** (όμικρον) τελειώνουν οι μετοχές που δεν τονίζονται στο **ο**.

Παραδείγματα

τρέχ**ο**ντας, παίζ**ο**ντας, φεύγ**ο**ντας

> Σε **-ώντας** με **ω** (ωμέγα) τελειώνουν οι μετοχές που τονίζονται στο **ώ**.

καταράχια:
οι κορυφογραμμές των βουνών. Δηλαδή, η γραμμή που σχηματίζουν οι κορυφές των βουνών όταν τα κοιτάζουμε από μακριά.

να ξεκαλοκαιριάσουν:
να περάσουν το καλοκαίρι τους. Οι τσοπάνηδες, που έχουν κοπάδια με πρόβατα και κατσίκια, αλλάζουν μέρος δύο φορές το χρόνο. Το χειμώνα, που κάνει κρύο, είναι με τα κοπάδια τους χαμηλά, στον κάμπο, για να μην τους πιάνει το κρύο και τα χιόνια και να μπορούν τα ζώα να βρίσκουν τροφή. Το καλοκαίρι, όμως, με τη ζέστη, ανεβαίνουν πιο ψηλά, στις πλαγιές των βουνών, για να έχουν δροσιά τα ζώα.

ροβολάει: κατεβαίνει προς τα κάτω, λίγο γρήγορα.

γνέθοντας: η λέξη «γνέθω» σημαίνει ότι έχω μια ποσότητα από μαλλί ζώου και σιγά σιγά από αυτό φτιάχνω κλωστή. Το ίδιο μπορεί να γίνει και με το βαμβάκι.

Παραδείγματα

γελ**ώ**ντας, τραγουδ**ώ**ντας, πηδ**ώ**ντας

Αυτές οι μετοχές, όπως και να γράφονται, μας βοηθούν να δείχνουμε τον τρόπο με τον οποίο γίνεται κάτι.

Παραδείγματα

Μου είπε τα νέα **γράφοντάς** τα σ' ένα χαρτί.

(Με ποιον τρόπο μού είπε τα νέα; Μου τα έγραψε.)

✓ Υπάρχουν κάποια ρήματα που στο τελευταίο πρόσωπο, στο **αυτοί,** μπορούν να σχηματιστούν με δύο τρόπους. Προσέξτε:

αυτοί χτυπ**ούν**	ή	αυτοί χτυπ**άνε**
αυτοί μιλ**ούν**	ή	αυτοί μιλ**άνε**
αυτοί νικ**ούν**	ή	αυτοί νικ**άνε**
αυτοί ακ**ούν**	ή	αυτοί ακ**ούνε**
αυτοί ξυπν**ούν**	ή	αυτοί ξυπν**άνε**

Εξάσκηση

✎ *Συμπληρώνω τις προτάσεις με τις λέξεις της παρένθεσης, απαντώντας στην ερώτηση «ποιος; ποια; ποιο;», όπως στο παράδειγμα.*

(Το αυτοκίνητο, Η δασκάλα, Ο παπάς, Το καναρίνι, Ο ουρανός, Η λάμπα)

ποιος; ποια; ποιο;

Το αυτοκίνητο ξεκίνησε απότομα.

____________ κοινώνησε τα παιδιά.

____________ φωτίζει το δωμάτιο.

____________ μάς έμαθε τις μετοχές.

____________ είναι γεμάτος σύννεφα.

____________ κελαηδάει υπέροχα.

✎ *Γράφω τις μετοχές των παρακάτω ρημάτων, προσέχοντας την ορθογραφία τους.*

γυρνώ : ____________

γυρίζω : ____________

βάφω : ____________

ζητώ : ____________

στέλνω : ______________________

προχωρώ : ______________________

πετώ : ______________________

ποτίζω : ______________________

δίνω : ______________________

γυρεύω : ______________________

χαζεύω : ______________________

χτυπώ : ______________________

περνώ : ______________________

τηλεφωνώ : ______________________

παίρνω : ______________________

γράφω : ______________________

μπορώ : ______________________

ρουφώ : ______________________

κρατώ : ______________________

κοιτάζω : ______________________

✎ *Γράφω και με άλλο τρόπο τα παρακάτω ρήματα.*

πεινούν ή ______________________

κουνούν ή ______________________

γυρνούν ή ______________________

χωρούν ή ______________

βοηθούν ή ______________

αγαπούν ή ______________

κολλούν ή ______________

ρωτούν ή ______________

τραγουδούν ή ______________

φορούν ή ______________

✎ *Συμπληρώνω τις προτάσεις με τις λέξεις της παρένθεσης, απαντώντας στη ερώτηση «ποιοι; ποιες; ποια;», όπως στο παράδειγμα.*

(Οι εργάτες, Οι θάλασσες, Τα κρεβάτια, Οι καμπάνες, Τα λουλούδια, Οι γονείς)

ποιοι; ποιες; ποια;

Οι εργάτες φτιάχνουν κάτι στο δρόμο.

______________ στην αυλή έχουν ανθίσει.

______________ πρέπει να είναι καθαρές.

______________ περιμένουν να σχολάσουν τα παιδιά.

______________ χτυπούσαν χαρούμενα και δυνατά.

_______________ των παιδιών είναι στρωμένα.

✎ *Γράφω* ***ο*** *ή* ***ω*** *στις παρακάτω μετοχές, βάζοντας και τους τόνους.*

τραγουδ__ντας	κεντ__ντας
κάν__ντας	δείχν__ντας
παίζ__ντας	κοιτ__ντας
χτυπ__ντας	βουτ__ντας
καταλαβαίν__ντας	δίν__ντας
φτιάχν__ντας	απαντ__ντας
ζητ__ντας	πίν__ντας
σέρν__ντας	κολλ__ντας

Φωνούλα πουλιού
Ένα πουλί στην αυλή του σχολείου

Με άλλα λόγια το μάθημα

Αυτό το μάθημα αποτελείται από δύο μέρη: από ένα ποιηματάκι κι από ένα κείμενο.

Το ποιηματάκι μάς λέει πολύ απλά ότι κάποιος που δεν έχει ακούσει πουλί να κελαηδάει δεν μπορεί να καταλάβει τι υπέροχη μελωδία ακούγεται.

Το κείμενο μας μιλάει για μια τάξη σε κάποιο σχολείο. Ήταν η ώρα της γραμματικής και ο δάσκαλος προσπαθούσε να μάθει στα παιδιά πώς τονίζονται τα φωνήεντα. Τα παιδιά, όμως, ήταν δύσκολο να τον παρακολουθήσουν και να συγκεντρωθούν στο μάθημα, γιατί ήταν άνοιξη. Και η άνοι-

Λέξεις και φράσεις που χρειάζονται προσοχή

που δεν του 'λαχε: που δεν του έτυχε, που δεν του έχει συμβεί άλλη φορά.

φωνήεντα μακρά και βραχέα: σύμφωνα με τη γραμματική που διδασκόταν τα παλιά χρόνια, τα φωνήεντα χωρίζονταν σε δύο είδη: μακρά και βραχέα.

οξεία-περισπωμένη: ήταν οι δύο τόνοι που υπήρχαν στην παλιά γραμματική. Η οξεία (΄) ήταν ίδια με το δικό μας τόνο και η περισπωμένη έμοιαζε με ένα μικρό κύμα (῀).

να καρφώσει στο μυαλό μας τη γραμματική: να μας τη μάθει καλά, να τη βάλει μέσα στο μυαλό μας.

χλωμός: κίτρινος στην όψη, σαν άρρωστος.

ξη μας καλεί κοντά της, κοντά στη φύση, κι όχι μέσα σε τέσσερις τοίχους. Από το παράθυρο έφταναν στ' αυτιά των παιδιών ένα σωρό ήχοι της γειτονιάς. Ώσπου ένας ήχος σκέπασε όλους τους άλλους. Ήταν το κελάηδημα ενός πουλιού από τον πλάτανο της αυλής του σχολείου. Ήταν σαν να φώναζε τα παιδιά κοντά του.

Σε μια στιγμή, κάποιο παιδί δεν άντεξε και είπε στο δάσκαλο να σωπάσει για ν' ακούσουν το πουλί.

Θυμάμαι από τη γραμματική

✓ Οι μονοσύλλαβες λέξεις **δεν παίρνουν τόνο**.

✓ Οι μονοσύλλαβες λέξεις **πού** και **πώς** **παίρνουν τόνο μόνο όταν ρωτάμε**.

Παραδείγματα

Πού πήγε; **Πώς** είσαι;

✓ Το **ή παίρνει τόνο** όταν **δεν είναι άρθρο,** αλλά το χρησιμοποιούμε για να **«διαλέξουμε»**. Λέγεται **διαχωριστικό ή**.

Παράδειγμα

Τι θέλεις να πάρεις;
Το πουκάμισο **ή** την μπλούζα;

Εξάσκηση

✎ *Διαβάζω προσεχτικά και βάζω τους τόνους που λείπουν.*

Σημερα αγορασα ενα πουλακι.
Ειναι ενα καναρινι.
Τα καναρινια ειναι κιτρινα.
Και αυτο ειναι κιτρινο, αλλα εχει και λιγο καφε στα φτερα και στο κεφαλι.
Του πηρα κι ενα ομορφο κλουβακι.
Αν το ακουσετε να κελαηδαει, θα τρελαθειτε. Καθομαι με τις ωρες και το ακουω. Ειναι η πιο μελωδικη μουσικη.

✎ *Διαβάζω προσεχτικά και βάζω τόνο στο **που**, στο **πως** και στο **η**, όπου χρειάζεται.*

– Πως ήρθες μέχρι εδώ;
– Που το έμαθες εσύ;
– Θα έρθεις η θα μείνεις;
– Που να ψάξω και πως να το βρω;
– Η μαμά η η θεία το έφερε αυτό;
– Πως να τα διαβάσω όλα αυτά που γράφει εδώ;
– Που να το φανταστώ πως ήσουν εσύ;
– Η θα έρθεις εσύ η η Άννα. Διαλέξτε μόνοι σας.

Σκέφτομαι και γράφω

Τι φτάνει στ' αυτιά μου από το παράθυρο

Ο κόσμος μας είναι γεμάτος από ήχους, που φτάνουν στ' αυτιά μας από διάφορα σημεία. Άλλους τους χαίρεσαι κι άλλους ούτε που θέλεις να τους ακούς.

Όταν είμαι στο σπίτι, οι πιο πολλοί ήχοι έρχονται από το παράθυρο. Βέβαια, εγώ μένω σε πόλη και σίγουρα δε θα ακούω τους ίδιους ήχους που μπορεί ν' ακούει ένα παιδί που μένει σε χωριό.

Οι ήχοι που έρχονται πιο συχνά από το παράθυρο είναι δύο. Τον ένα θέλω να τον ακούω συνέχεια. Τον άλλο καθόλου. Ο ένας είναι το κελάηδημα του καναρινιού μας που έχουμε στο μπαλκόνι. Μουσική πραγματική. Ο άλλος είναι ο θόρυβος των αυτοκινήτων που περνούν στο δρόμο. Ευτυχώς, το μεσημέρι ησυχάζουμε κάπως.

Λίγο πιο πέρα από το σπίτι υπάρχει κι ένα μαγαζί που φτιάχνει τζάμια. Έτσι, πού και πού ακούω και κάποια τζάμια που σπάνε.

Τα βραδάκια που έχει ησυχία, ακούω και τους ανθρώπους που περνούν, όταν μιλάνε κάπως δυνατά.

Τώρα τελευταία ακούω και το θόρυβο που κάνει μια μπετονιέρα που ρίχνει τσιμέντο. Γιατί λίγο πιο κει χτίζουν ένα καινούριο σπίτι. Ευτυχώς, σε λίγο καιρό τελειώνουν.

Αγγελική

Οικογένειες λέξεων

Με άλλα λόγια το μάθημα

Ο δάσκαλος κάποιων παιδιών συνηθίζει να τους κάνει διάφορες εκπλήξεις πάνω στο μάθημα.

Έτσι και σήμερα. Μπήκε στην τάξη και τους είπε ότι πρέπει να βρουν ένα σπίτι για να μείνουν κάποιες λέξεις. Τα παιδιά παραξενεύτηκαν, αλλά ο δάσκαλος τους εξήγησε ότι υπάρχουν μερικές λέξεις που είναι σαν οικογένεια, επειδή έχουν «βγει» από την ίδια λέξη. Και είχε τρεις τέτοιες οικογένειες. Αλλά οι λέξεις είχαν μπερδευτεί και τα παιδιά έπρεπε να τις ξεχωρίσουν.

Όταν, λοιπόν, ο δάσκαλος τους εξήγησε τι έπρεπε να κάνουν, τα παιδιά στρώθηκαν στη δουλειά. Έφτιαξαν στα τετρά-

Λέξεις και φράσεις που χρειάζονται προσοχή

να στεγάσουμε: να τους βρούμε ένα σπίτι, μια στέγη, για να μείνουν.

έρημο: η έρημος είναι μια τεράστια έκταση, μια πολύ μεγάλη περιοχή χωρίς φυτά, δέντρα, λουλούδια, ζώα και χωρίς νερό, που συνήθως έχει μόνο άμμο, και εκεί κάνει πολλή ζέστη.

ημερομίσθιο: είναι ο μισθός της μιας ημέρας. Δηλαδή, τα χρήματα που παίρνει κάποιος για τη δουλειά που έκανε μέσα σε μία ημέρα.

πενθήμερο: πέντε ημέρες μαζί.

δεκαπενθήμερο: δεκαπέντε ημέρες μαζί.

φωταγωγός: ένας άδειος χώρος στις πολυκατοικίες, από το ισόγειο ως την ταράτσα, ανάμεσα στα διαμερίσματα. Συνήθως στο φωταγωγό έχουν το παραθυράκι τους οι τουαλέτες των σπιτιών. Ο φωταγωγός χρησιμεύει για να μπαίνει από εκεί αέρας και φως.

διά τους «σπιτάκια» και μέσα σ' αυτά ξεχώρισαν τις τρεις οικογένειες.

Ήταν μια ενδιαφέρουσα εργασία, που έμαθε στα παιδιά ότι πολλές λέξεις «βγαίνουν» από κάποια άλλη.

Η γραμματική του μαθήματος

Όλες οι λέξεις της γλώσσας μας δεν υπήρχαν από την αρχή. Οι περισσότερες «βγήκαν» από κάποιες αρχικές λέξεις, **πρωτότυπες** όπως τις λέμε. Σιγά σιγά, οι άνθρωποι έφτιαχναν λέξεις από αυτές τις πρωτότυπες, κι έτσι έγινε πλούσιο το λεξιλόγιό μας.

Ας πάρουμε, για παράδειγμα, τη λέξη **νύχτα**. Στην αρχή υπήρχε μόνο αυτή. Ήταν η πρωτότυπη λέξη, η λέξη-μητέρα, όπως λέει και το μάθημα.

Μετά, οι άνθρωποι σχημάτισαν κι άλλες λέξεις από αυτήν, όπως:

νυχτώνει, καληνύχτα, νυχτερινός, νυχτερίδα, νυχτοπούλι.

Ας δούμε άλλο ένα παράδειγμα:

πάγος

παγώνω παγωνιά παγωτό παγωμένος παγάκι

Εξάσκηση

✎ *Γράφω σε αλφαβητική σειρά τις παρακάτω λέξεις.*

λυπάμαι, θερμοκρασία, γραφείο, ποτήρι, ρολόι, μολύβι, καλαμάκι, εικόνα, τιράντες, βουναλάκι

1. ______________________
2. ______________________
3. ______________________
4. ______________________
5. ______________________
6. ______________________
7. ______________________
8. ______________________
9. ______________________
10. ______________________

✎ *Ρίχνω τις παρακάτω λέξεις στο σωστό γραμματοκιβώτιο.*

ξυλεία, ζεστασιά, παραφωνία, ζεστός, φωνακλάς, ξύλινος, τηλέφωνο, ζεματάει, ξαναζεσταμένο, ξυλοκόπος, φωνούλα, ξυλουργός, κασετόφωνο, καυσόξυλο, ζεσταίνω, φωνάζω, ζέσταμα, ξυλουργείο

Κα Φωνή ①	Κα Ξύλο ①	Κα Ζέστη ①
______	______	______
______	______	______
______	______	______
______	______	______
______	______	______
______	______	______

Μια άλλη επικεφαλίδα για το μάθημα

Ποιον άλλο τίτλο θα μπορούσε να έχει το μάθημά μας;
Πώς αλλιώς θα μπορούσαμε να το πούμε;
Μήπως να το ονομάζαμε **«Οι λέξεις και η μαμά τους»;**
Ή να το λέγαμε **«Οι λέξεις βρίσκουν σπίτι»;**
Μήπως **«Οι λέξεις κάνουν ομάδες»;**

Σίγουρα υπάρχουν αρκετοί τρόποι για να ονομάσουμε το σημερινό μας μάθημα.

✎ *Σκέφτομαι και γράφω μια δική μου επικεφαλίδα για το μάθημα.*

____

____

____

Ένας παιδόδρομος στη γειτονιά μας

Με άλλα λόγια το μάθημα

Κάποια από τα παιδιά μιας γειτονιάς που βρισκόταν σε πόλη έπαιζαν σ' ένα άχτιστο οικόπεδο. Το παιχνίδι τους, όμως, το σταμάτησε μια γνωστή τους γυναίκα, η κυρία Λένα. Είχε πάει εκεί για να τους πει κάποια πολύ ευχάριστα νέα.

Τους είπε, λοιπόν, ότι ένας δρόμος της γειτονιάς θα γινόταν τόπος για παιδιά και, φυσικά, τα αυτοκίνητα θα σταματούσαν να περνούν από εκεί. Ο δρόμος αυτός θα γέμιζε παιχνίδια. Με λίγα λόγια, θα γινόταν μια παιδική χαρά και όλος ο δρόμος θα ανήκε στα παιδιά.

Τα παιδιά πέταξαν από τη χαρά τους όταν άκουσαν αυτά τα νέα. Επιτέλους, θα έβρισκαν ένα δικό τους χώρο για παιχνίδι,

Λέξεις και φράσεις που χρειάζονται προσοχή

στο σύλλογο της γειτονιάς: οι κάτοικοι που έμεναν στη γειτονιά εκείνη ίδρυσαν ένα σύλλογο. Με τη λέξη «σύλλογος» εννοούμε ότι κάποιοι άνθρωποι έκαναν μια ομάδα, όχι όμως για αθλητικούς αγώνες αλλά για να μπορούν όλοι μαζί να λύνουν τα προβλήματα της γειτονιάς τους.

τους αγώνες της γειτονιάς: τις προσπάθειες που έκαναν οι άνθρωποι που μένουν στη γειτονιά, αυτοί που έφτιαξαν το σύλλογο.

παιδόδρομος:
δρόμος για να παίζουν τα παιδιά. Από τέτοιους δρόμους δεν περνούν αυτοκίνητα.

ομαδικά παιχνίδια:
έτσι λέγονται τα παιχνίδια που παίζονται από πολλά παιδιά μαζί, από ομάδες, και όχι από ένα παιδί.

αναρρίχηση:
σκαρφάλωμα. π.χ. «Η μαϊμού αναρριχήθηκε πάνω στο δέντρο.» Δηλαδή: «Η μαϊμού σκαρφάλωσε πάνω στο δέντρο».

για να παίζουν εκεί ανενόχλητα, χωρίς τον κίνδυνο των αυτοκινήτων και χωρίς να τα σταματάνε κάθε λίγο και λιγάκι.

Η γραμματική του μαθήματος

Στο μάθημα αυτό ξαναβρίσκουμε **σύνθετες λέξεις.** Αυτή τη φορά, όμως, με μια πολύ μικρή αλλαγή. Στις δύο λέξεις που έχουμε για να φτιάξουμε τη σύνθετη μπορούμε να αλλάξουμε σειρά. Έτσι, στη σύνθετη λέξη θα βρίσκεται μπροστά η δεύτερη και μετά η πρώτη. Προσέξτε τα παραδείγματα:

η φωλιά του ποντικού = ποντικοφωλιά
1 2 2 1

η ουρά του αλόγου = αλογοουρά
1 2 2 1

Η δεύτερη λέξη (ποντικός, άλογο) στη σύνθετη μπαίνει μπροστά.

Σύνθετες λέξεις μπορούμε να φτιάξουμε και με μια μικρή λέξη, το **κατά**. Αυτή τη λέξη τη χρησιμοποιούμε όταν θέλουμε να δείξουμε ότι κάτι είναι **πάρα πολύ**.

Παραδείγματα

πάρα πολύ τρομαγμένος → **κατα**τρομαγμένος
πάρα πολύ κόκκινη → **κατα**κόκκινη
πάρα πολύ πλακωμένο → **κατα**πλακωμένο

Εξάσκηση

✎ *Διαβάζω προσεχτικά τις παρακάτω φράσεις και φτιάχνω μια σύνθετη λέξη για την καθεμιά, όπως στο παράδειγμα.*

η φωλιά του χελιδονιού:

χελιδονοφωλιά

η βάρκα για ψάρια:

____

ο δείκτης για τις σελίδες:

____

το βαρέλι για το κρασί:

____

η σαλάτα με γαρίδες:

____

η θήκη για τα μολύβια:

____

η πόρτα του μπαλκονιού:

____

το πανί για ξεσκόνισμα:

____

η ταραχή της θάλασσας:

____

ο πόλεμος με τις πέτρες:

____

✎ *Ξαναγράφω τις παρακάτω προτάσεις αλλάζοντας το* ***πάρα πολύ*** *και φτιάχνοντας σύνθετες λέξεις με το* ***κατά****, όπως στο παράδειγμα.*

Μετά το παιχνίδι ήταν πάρα πολύ ιδρωμένος.

Μετά το παιχνίδι ήταν καταϊδρωμένος.

Γύρισε από τη δουλειά πάρα πολύ ταλαιπωρημένος.

____

____

Τα ρούχα του ήταν πάρα πολύ τσαλακωμένα.

____

____

Πήγαμε εκδρομή σε ένα πάρα πολύ πράσινο χωράφι.

____

____

Κοίταξα την μπλούζα μου, που ήταν πάρα πολύ λερωμένη.

____

____

Το γόνατό της ήταν πάρα πολύ ματωμένο από το πέσιμο.

____

____

✎ *Στην παρακάτω αλφαβητική σειρά τρεις λέξεις δεν έχουν γραφτεί στη σωστή θέση. Τις ξαναδιαβάζω και γράφω στις παρενθέσεις τη σειρά που πρέπει να έχουν, όπως στα παραδείγματα.*

1. αναπνοή	(1)	**6.** καλοκαίρι	(__)
2. ζεστός	(3)	**7.** πρασινάδα	(__)
3. δέντρο	(__)	**8.** φωνάζω	(__)
4. θάλασσα	(__)	**9.** σακούλα	(__)
5. νηστικός	(__)	**10.** ψάρεμα	(__)

Σκέφτομαι και γράφω

Ο δικός μας παιδότοπος

Εμείς τα παιδιά θέλουμε να παίζουμε. Το χειμώνα δεν έχουμε και μεγάλο πρόβλημα, γιατί παίζουμε μέσα στα σπίτια μας. Αλλά όταν έρχεται η άνοιξη και πλησιάζει το καλοκαίρι, βγαίνουμε έξω για παιχνίδι. Στις πόλεις, όμως, δεν υπάρχουν πολλά μέρη για να παίζουν τα παιδιά.

Εμείς είμαστε τυχεροί. Στη γειτονιά μας υπάρχει ένα μεγάλο οικόπεδο του δήμου, που είναι άδειο και δεν υπάρχει τίποτα χτισμένο εκεί. Έτσι, εμείς το έχουμε κάνει «δικό μας». Σ' αυτό το οικόπεδο μαζευόμαστε όλα τα παιδιά και παίζουμε. Δεν κινδυνεύουμε από τα αυτοκίνητα, γιατί από εκεί δεν περνάει κανένας δρόμος.

Το οικόπεδο το έχουμε χωρίσει σε περιοχές. Σ' ένα σημείο έχουμε βάλει στο χώμα δύο ξύλα για δοκάρια κι εκεί παίζουμε ποδόσφαιρο. Σε άλλο σημείο, κοντά σ' έναν τοίχο, παίζουμε αγαλματάκια. Αλλού παίζουμε κουτσό. Αλλού παίζουμε σχοινάκι. Μα σε όλο το οικόπεδο παίζουμε κρυφτό. Γιατί, βέβαια, το κρυφτό θέλει πολύ χώρο.

Μακάρι όλα τα παιδιά, σε όλες τις πόλεις, να έχουν ένα μέρος για να παίζουν και να ευχαριστιούνται.

Νίκος

Ο θησαυρός

Λέξεις και φράσεις που χρειάζονται προσοχή

μπουσούλαγε: το μπουσούλημα είναι ο τρόπος με τον οποίο προχωράνε τα μωρά στο πάτωμα. Προχωράνε «με τα τέσσερα», δηλαδή με τα χέρια και τα πόδια.

κοντοστάθηκε: σταμάτησε για λίγο, γιατί σκέφτηκε κάτι ή θυμήθηκε κάτι.

πήρε την κατεύθυνση: ακολούθησε την πορεία, πήγε προς τα εκεί που του έδειχναν τα βέλη.

Με άλλα λόγια το μάθημα

Ο Περικλής είναι ένα αγόρι που μένει σε χωριό. Κάποια μέρα, οι γονείς του είχαν μια δουλειά και τον άφησαν στο σπίτι, να προσέχει το μικρό του αδερφό. Του είπαν ότι δε θ' αργήσουν.

Την ώρα που ο Περικλής ήταν στο σπίτι με το αδερφάκι του, πέρασαν οι φίλοι του, να τον πάρουν για παιχνίδι. Εκείνος έκανε να φύγει, αλλά αμέσως θυμήθηκε τη δουλειά του και τους είπε ότι θα πάει αργότερα να τους βρει.

Έτσι κι έγινε. Μόλις γύρισαν οι γονείς του, ο Περικλής, που ήταν ήδη έτοιμος, έ-

διασταύρωση: το σημείο στο οποίο «συναντιούνται» δύο δρόμοι. Λέγεται αλλιώς και «σταυροδρόμι».

απρόοπτα: κάποια πράγματα που δεν τα περιμένουμε. π.χ. «Η αρρώστια του Λουκά ήταν κάτι το **απρόοπτο.**» Δηλαδή: «Δεν περίμενε κανείς ότι θα αρρωστήσει ο Λουκάς».

έσβησε τη δίψα του: ήταν διψασμένος και ξεδίψασε.

Έψαξε... συστηματικά: έψαξε με πολλή προσοχή σε όλα τα σημεία.

τρεξε να ψάξει την παρέα του. Για να τον διευκολύνουν στο ψάξιμο, τα παιδιά είχαν βάλει κάτι ταμπέλες που του έδειχναν προς τα πού να πάει.

Ο Περικλής ήξερε τα κατατόπια. Πέρασε από την πηγούλα, από το μουλάρι του κυρ Θωμά, έφτασε στο θάμνο, βρήκε τα μικρά πουλάκια και στο τέλος βρήκε τους φίλους του.

Θυμάμαι από τη γραμματική

✓ Εδώ μας δίνεται η ευκαιρία να θυμηθούμε τα **επιρρήματα**.

- Τα επιρρήματα είναι κάποιες λέξεις που δεν κλίνονται και «πηγαίνουν» κοντά στα ρήματα, για να μας δείξουν **τόπο, χρόνο, τρόπο** και **ποσό**.
- Τα επιρρήματα που μας δείχνουν **τόπο** τα λέμε **τοπικά**: πάνω, κάτω, δεξιά...
- Τα επιρρήματα που μας δείχνουν **χρόνο** τα λέμε **χρονικά**: τώρα, σήμερα, αύριο...
- Τα επιρρήματα που μας δείχνουν **τρόπο** τα λέμε **τροπικά:** έτσι, αλλιώς, καλά...
- Τα επιρρήματα που μας δείχνουν **ποσό** τα λέμε **ποσοτικά**: πολύ, λίγο, καθόλου...

✓ Μπορούμε να φτιάξουμε επιρρήματα

από κάποια επίθετα. Αυτά θα έχουν την κατάληξη **-α**.

Παραδείγματα

επίθετα		**επιρρήματα**
ωραίος	→	ωραί**α**
γρήγορος	→	γρήγορ**α**
άνετος	→	άνετ**α**

Εξάσκηση

✎ *Διαβάζω προσεχτικά τα παρακάτω επιρρήματα και μετά τα γράφω στην κατάλληλη στήλη, ανάλογα με το τι φανερώνει το καθένα.*

σήμερα, επάνω, αργότερα, λίγο, δεξιά, ανάμεσα, καθόλου, συνέχεια, ποτέ, δίπλα, περισσότερο, αύριο, αριστερά, ελάχιστα, αρκετά, πίσω, σε λίγο, απέναντι, αμέσως, πολύ, λιγότερο, του χρόνου, μπροστά, τόσο μακριά, προχθές, τίποτα, πουθενά, συχνά, σχεδόν

χρονικά	**τοπικά**	**ποσοτικά**

✎ *Φτιάχνω επιρρήματα από τα επίθετα, όπως στο παράδειγμα.*

βέβαιος	**βέβαια**
ήσυχος	______
κάθετος	______
καλός	______
άγριος	______
απλός	______
τέλειος	______
βαθύς	______
δυσάρεστος	______
μακρύς	______
ευχάριστος	______
υπέροχος	______

Τσίου τσίου, το πουλάκι κελαηδεί

Με άλλα λόγια το μάθημα

Ένα χαρούμενο πουλάκι βρίσκεται πάνω στο κλαδί ενός δέντρου και κελαηδεί. Χτίζει τη φωλιά του, γιατί περιμένει να γεννήσει. Φέρνει με το ράμφος του διάφορα υλικά, όπως άχυρο, κλαράκια, λάσπη. Και όταν γεννιούνται τα μικρά πουλάκια, η φωλιά γεμίζει με καινούριες ζωούλες και τότε κελαηδούν όλα τα πουλάκια μαζί.

Εξάσκηση

✎ *Θυμάμαι τι σημαίνει* ***στροφή*** *και* ***στίχος*** *και απαντώ στις ερωτήσεις.*

- Πόσες στροφές έχει το ποίημα; ______

Λέξεις και φράσεις που χρειάζονται προσοχή

κι έχει πέσει στη δουλειά:
δουλεύει ασταμάτητα. Το λέμε κι αλλιώς: «Έχω πέσει με τα μούτρα στη δουλειά».

με τα νια που σκάσαν απ' τ' αυγό:
τα νέα, τα μικρά πουλάκια, που μόλις βγήκαν απ' τ' αυγά τους.

- Πόσους στίχους έχει η κάθε στροφή;

____

- Γράψε στη γραμμή το δεύτερο στίχο της τρίτης στροφής.

____

- Γράψε στη γραμμή τον πρώτο στίχο της πέμπτης στροφής.

____

✎ *Διαβάζω τους παρακάτω στίχους.*

Νιάου, νιάου, η γατούλα η μικρή,
νιάου, νιάου, παίζει μ' ένα τόπι στην αυλή.

Νιάου, νιάου, τρέχει και πηδάει,
νιάου νιάου, την ουρά της μας κουνάει.

✎ *Ξαναγράφω τώρα αυτούς τους στίχους, βάζοντας το «νιάου νιάου» πίσω, όπως στο παράδειγμα, και προσέχοντας τα κόμματα, τις τελείες και τα κεφαλαία γράμματα.*

Η γατούλα η μικρή, νιάου νιάου,

____

____

____

____

Ανοιξιάτικη γρίπη

Λέξεις και φράσεις που χρειάζονται προσοχή

επιδημία γρίπης: τη λέξη «επιδημία» τη χρησιμοποιούμε μαζί με κάποια αρρώστια και σημαίνει ότι «κόλλησαν» αυτή την αρρώστια πολλοί άνθρωποι.

συμπτώματα της γρίπης: όλα όσα παθαίνει κάποιος που έχει κολλήσει γρίπη και που από αυτά καταλαβαίνει ο γιατρός τι αρρώστια είναι. Τα συμπτώματα μιας αρρώστιας είναι ίδια για όλους τους αρρώστους.

Με άλλα λόγια το μάθημα

Πολλά παιδιά αρρωσταίνουν την άνοιξη. Αυτή τη φορά, όμως, αρρώστησαν πάρα πολλά. Σε κάποιο σχολείο έπεσε επιδημία γρίπης κι έτσι, το ένα μετά το άλλο, τα παιδιά έπεφταν στο κρεβάτι με πυρετό. Καθημερινά έλειπαν αρκετά από την τάξη.

Η ιδέα της απουσίας από τα μαθήματα αλλά και η σκέψη ότι όλοι θα τον περιποιούνταν άρεσαν στο Μιχάλη, ένα μαθητή της τάξης αυτής. Και μέσα του παρακαλούσε να κολλήσει κι αυτός τον ιό της γρίπης.

Πραγματικά, αυτό έγινε. Ο Μιχάλης αρ-

ρίγη: τρεμούλες σε όλο το κορμί.

εφιάλτες: άσχημα όνειρα.

ιός της γρίπης: ιός είναι το μικρόβιο κάποιας αρρώστιας, που μπαίνει στον οργανισμό μας και μας αρρωσταίνει. Εδώ πρόκειται για τον ιό της γρίπης, το μικρόβιο της γρίπης.

το σφυγμό του: τους χτύπους που κάνει η καρδιά μέσα σ' ένα λεπτό. Το κανονικό είναι να κάνει η καρδιά 70 με 80 χτύπους το λεπτό.

τον ακροάστηκε: έβαλε τα ακουστικά στο στήθος και στην πλάτη του άρρωστου παιδιού και άκουσε τα πνευμόνια του.

ρώστησε. Στην αρχή ήταν όλα καλά, όπως τα είχε φανταστεί. Την άλλη μέρα, όμως, άρχισαν τα δύσκολα: πυρετός, εμετοί, ζαλάδα, πονοκέφαλος, εφιάλτες το βράδυ.

Ο γιατρός που ήρθε και τον εξέτασε του έγραψε κάτι φάρμακα και του είπε ότι σε δυο μέρες θα είναι μια χαρά.

Μετά από αυτά που τράβηξε, ο Μιχάλης εύχεται να βρεθεί μια ώρα αρχύτερα στην τάξη του.

Εξάσκηση

✎ *Διαβάζω τις παρακάτω «άρρωστες» προτάσεις, δηλαδή τις προτάσεις που έχουν σχέση με αρρώστια. Έπειτα γράφω από την παρένθεση τη λέξη που ταιριάζει.*

(παιδίατρος, θερμόμετρο, αντιπυρετικό, ακουστικά, αμυγδαλές, σιρόπι)

– Η μαμά μού έβαλε ____________, για να δει αν έχω πυρετό.
– Ο γιατρός ακροάστηκε τον ασθενή με τα ____________ του.
– Τα παιδιά, όταν είναι άρρωστα, πηγαίνουν στον ____________.

– Πίνω ένα ____________, για να μου περάσει ο βήχας.

– Ο παιδίατρος κοίταξε τις ____________ βάζοντας ένα κουτάλι στο στόμα του παιδιού.

– Για να πέσει ο πυρετός, η μαμά μού έδωσε ____________.

✎ *Διαβάζω τις παρακάτω προτάσεις και μετά τις ξαναγράφω βάζοντας δικά μου αριθμητικά, όπως στο παράδειγμα.*

– Η μαμά μού βάζει θερμόμετρο κάθε **δύο** ώρες.

Η μαμά μού βάζει θερμόμετρο κάθε μία ώρα.

– Πίνω ένα σιρόπι κάθε **δώδεκα** ώρες.

____

____

– Κάθε **δέκα** λεπτά περνάει κι ένα λεωφορείο.

____

____

– Ο παππούς πίνει ένα χάπι **δύο** φορές την ημέρα.

____

____

συνταγή: τα φάρμακα που μας γράφει ο γιατρός και ο τρόπος με τον οποίο πρέπει να τα παίρνουμε.

θα είσαι περδίκι: είναι μια έκφραση που χρησιμοποιούμε όταν θέλουμε να πούμε σ' έναν άρρωστο ότι θα γίνει καλά και θα είναι μια χαρά.

✎ *Διαβάζω προσεχτικά τις παρακάτω λέξεις και φράσεις, που δείχνουν χρονικές στιγμές. Μετά τις γράφω στις δύο στήλες ως εξής: Στην πρώτη στήλη γράφω τις λέξεις και τις φράσεις που αρχίζουν από το* ***τώρα*** *και πηγαίνουν προς τα πίσω, στο* ***παρελθόν.*** *Στη δεύτερη στήλη γράφω τις λέξεις και τις φράσεις που προχωρούν μπροστά, στο* ***μέλλον.***

σε λίγο, πριν από μια ώρα, μεθαύριο, πριν από πέντε ώρες, προχθές, σε μια ώρα, αύριο, πριν από λίγο, σε τρεις ώρες, την προηγούμενη εβδομάδα, την ερχόμενη εβδομάδα, χθες

Πότε ήρθες;	**Πότε θα φύγεις;**
τώρα	**τώρα**

Σκέφτομαι και γράφω

Όταν αρρωσταίνουμε, ο γιατρός μάς δίνει κάποια φάρμακα για να γίνουμε καλά. Τα φάρμακα αυτά, όμως, δε μας τα λέει προφορικά, γιατί μπορεί να τα ξεχάσουμε. Μας τα γράφει πάνω στο βιβλιάριο υγείας που έχουμε. Με άλλα λόγια, μας γράφει τη **συνταγή.**

Η συνταγή του γιατρού γράφει πάντα τις εξής λεπτομέρειες:

1. Το όνομα του φαρμάκου.
2. Τι είναι το φάρμακο (αν είναι σιρόπι ή χάπια ή κάτι άλλο).
3. Πόσο φάρμακο θα παίρνουμε.
4. Κάθε πότε θα το παίρνουμε.
5. Αν πρέπει να το παίρνουμε πριν ή μετά το φαγητό.

Εδώ, λοιπόν, υπάρχουν δύο βιβλιάρια υγείας. Στο πρώτο είναι γραμμένη μια συνταγή, ενώ το δεύτερο είναι άγραφο. Διάβασε προσεχτικά τις παραπάνω οδηγίες, διάβασε και τη γραμμένη συνταγή και μετά γράψε μια δική σου.

ΛΑΙΜΟΑΝΑΚΟΥΦΙΞ
Σιρόπι για το βήχα.
Ένα κουταλάκι
του γλυκού κάθε έξι
ώρες, πριν από
το φαγητό.

Ο ΓΙΑΤΡΟΣ

Μια αρρώστια που πέρασα

Την προηγούμενη Τρίτη, στο σχολείο δεν ένιωθα και τόσο καλά. Δεν είχα κέφι και αισθανόμουν το κεφάλι μου κάπως βαρύ. Το μεσημέρι, που γύρισα στο σπίτι, ξάπλωσα, γιατί ένιωθα κουρασμένος. Δε θυμάμαι τι ώρα ξύπνησα. Εκείνο που θυμάμαι είναι ότι έτσουζαν τα μάτια μου και ζεσταινόμουν πολύ. Έκανα να φωνάξω τη μαμά. Τα λόγια βγήκαν με το ζόρι απ' το στόμα μου.

Η μαμά κατατρόμαξε. Αμέσως μου έβαλε θερμόμετρο. Είχα 38 και 7. Έτρεξε και μου έφερε ένα σιροπάκι για τον πυρετό. Αυτό το σιρόπι μ' αρέσει, γιατί έχει γεύση κεράσι. Μετά από λίγο, την άκουγα που μιλούσε στο τηλέφωνο με το γιατρό.

Όλο το βράδυ πρέπει να είχα πολύ πυρετό. Το πρωί μού έπεσε λίγο και πήγαμε στο γιατρό. Είπε στη μαμά ότι είχα ίωση. Εγώ δεν ξέρω τι αρρώστια είναι αυτή. Μας έγραψε κάποια φάρμακα και γυρίσαμε στο σπίτι.

Το βράδυ ήμουν κάπως καλύτερα. Η μαμά είπε ότι μου έκανε καλό το φάρμακο, αλλά εμένα δε μου αρέσει καθόλου. Με το ζόρι το καταπίνω.

Οι αρρώστιες, τελικά, έχουν δυσκολίες.

Χάρης

Τ' αερόστατα της Λαμπρής

Με άλλα λόγια το μάθημα

Η οικογένεια της Ελίζας και του Κλεάνθη πήγε φέτος να περάσει τις διακοπές του Πάσχα στο χωριό του πατέρα.

Τα παιδιά περνούσαν πολύ ωραία. Όλες τις ημέρες της Μεγάλης Εβδομάδας ήταν έξω με τους φίλους τους. Γυρνούσαν από δω κι από κει και έβλεπαν τα άλλα παιδιά να φτιάχνουν τα αερόστατα της Λαμπρής.

Είναι ένα έθιμο του χωριού. Τα παιδιά φτιάχνουν χάρτινα αερόστατα και κάτω από την τρύπα κρεμούν από ένα κουρελάκι, αφού πρώτα το έχουν λαδώσει.

Το βράδυ της Ανάστασης παίρνουν τα αερόστατα μαζί τους στην εκκλησία. Όταν

Λέξεις και φράσεις που χρειάζονται προσοχή

αερόστατα: το αερόστατο έχει εφευρεθεί πολύ νωρίτερα από το αεροπλάνο. Το κανονικό αερόστατο είναι ένα μεγάλο μπαλόνι από λεπτό, ελαφρύ ύφασμα. Κάτω από το μπαλόνι αυτό είναι κρεμασμένο ένα μεγάλο καλάθι, που χωράει τρεις τέσσερις ανθρώπους. Ανάμεσα στο καλάθι και στο μπαλόνι υπάρχει ένα μεγάλο καμινέτο, σαν μεγάλο γκαζάκι, που το ανάβουν.

Ο ζεστός αέρας της φωτιάς μπαίνει από την τρύπα του αερόστατου, το φουσκώνει και το σηκώνει ψηλά στον αέρα, όπου και ταξιδεύει. Όταν οι επιβάτες θέλουν να κατέβουν στη γη, σβήνουν τη φωτιά και τραβάνε ένα κορδόνι, που ανοίγει μια τρύπα στο πάνω μέρος του αερόστατου. Ο αέρας φεύγει από την τρύπα, το μπαλόνι σιγά σιγά ξεφουσκώνει και το αερόστατο προσγειώνεται.

ο παπάς πει το «Χριστός Ανέστη», τα παιδιά ανάβουν τα κουρελάκια. Τότε, ο ζεστός αέρας της φωτιάς σπρώχνει προς τα πάνω τα αερόστατα.

Έτσι, όλα μαζί, σαν φωτεινά αστεράκια, ανεβαίνουν ψηλά στον ουρανό. Μαζί τους ανεβαίνουν και οι ματιές μικρών και μεγάλων, που τα κοιτάζουν χαρούμενοι.

Εξάσκηση

✎ *Διαβάζω προσεχτικά την πρώτη πρόταση και παρατηρώ πώς άλλαξε η σειρά των λέξεων χωρίς να αλλάξει το νόημα της πρότασης.*

- Κάθε απόγευμα η παιδική χαρά γεμίζει με παιδιά.
- Η παιδική χαρά γεμίζει με παιδιά κάθε απόγευμα.
- Με παιδιά γεμίζει κάθε απόγευμα η παιδική χαρά.
- Κάθε απόγευμα γεμίζει με παιδιά η παιδική χαρά.
- Γεμίζει με παιδιά η παιδική χαρά κάθε απόγευμα.

✎ *Κάνω το ίδιο με την παρακάτω πρόταση. Προσέχω να μην αλλάξει το νόημά της.*

Μεθαύριο έχει τα γενέθλιά της η Ελένη.

✎ *Από τα παρακάτω ζευγάρια λέξεων σχηματίζω φράσεις, όπως στο παράδειγμα.*

η ουρά - η γάτα:

η ουρά της γάτας

τα λεπτά - η ώρα:

η γεύση - η μαρμελάδα:

οι τρύπες - η ζώνη:

τα λόγια - η προσευχή:

παιδομάνι: όλα τα παιδιά μαζί.

σαν βολίδες: πάρα πολύ γρήγορα. Αλλιώς θα το λέγαμε «σαν πύραυλοι».

✎ *Κάνω κι εδώ το ίδιο, όπως στο παράδειγμα:*

το χρώμα - τα πανιά:

το χρώμα των πανιών

τα δάχτυλα - τα πόδια:

____

οι φλόγες - τα κεριά:

____

οι φωλιές - τα χελιδόνια:

____

η γεύση - τα κρασιά:

____

✎ *Διαβάζω προσεχτικά το παρακάτω κείμενο και συμπληρώνω με* ***στο*** *ή* ***στην****.*

Είδα ότι _______ άκρη του τραπεζιού πάνω _______ ξύλινο κουτί υπήρχε μια χτένα. Την πήρα και την έβαλα _______ συρτάρι, δίπλα _______ άλλη χτένα. Μετά πήγα _______ σαλόνι, κάθισα _______ πολυθρόνα και κοίταξα _______ παράθυρο. Μια μύγα ήταν πάνω _______ κουρτίνα.

Ο μικρός Χριστός

Με άλλα λόγια το μάθημα

Ένα μικρό παιδάκι είχε πάει με τη γιαγιά του στην εκκλησία. Αφού άναψε το κεράκι του, πήγε μπροστά στην εικόνα της Παναγίας, που κρατά στην αγκαλιά της το μικρό Χριστό, και η γιαγιά του το σήκωσε για να τη φιλήσει.

Εκείνη την ώρα, όμως, το παιδάκι είδε το Χριστό να του κλείνει το μάτι. Ξαφνιάστηκε και τον ρώτησε τι θα ήθελε. Και τότε ο Χριστός τού είπε ότι θέλει, μόλις τελειώσει η λειτουργία και φύγει ο παπάς, να πει στα παιδιά να τον περιμένουν, γιατί θα έρθει και ο ίδιος να παίξει.

Το ποίημα αυτό μας θυμίζει τα λόγια του Χριστού «Αφήστε τα παιδιά να έρθουν κοντά μου».

Λέξεις και φράσεις που χρειάζονται προσοχή

κεροδοσιά: το κερί που πήρε το παιδάκι για να το ανάψει.

η νόνα: η γιαγιά.

ν' ασπαστώ: να φιλήσω την εικόνα. Όταν μιλάμε για εικόνες της εκκλησίας, συνήθως χρησιμοποιούμε το ρήμα «ασπάζομαι», που σημαίνει «φιλάω με σεβασμό».

μου 'γνεψε: μου έκανε νόημα.

Θυμάμαι από τη γραμματική

✓ Εδώ συναντάμε πάλι τις περιπτώσεις **να μπω**, **να βγω, να βρω**, **να 'ρθω**, **θα μπω**, **θα βγω**, **θα βρω**, **θα 'ρθω**. Ας θυμηθούμε πότε παίρνουν και πότε δεν παίρνουν τόνο.

- Όταν θέλουμε να ακουστεί πιο δυνατά το ρήμα, δε βάζουμε τόνο: να **μπω**, θα **βγω**.
- Όταν θέλουμε να ακουστεί πιο δυνατά το **να** ή το **θα**, βάζουμε τόνο σ' αυτά: **νά** μπω, **θά** βγω.

✓ Το **και**, όταν θέλουμε να το πούμε πιο σύντομα, γίνεται **κι** **(χωρίς απόστροφο)**.

Παραδείγματα

και άφησε	→	**κι** άφησε
και όμως	→	**κι** όμως

✓ Όπως έχουμε πει, τα ρήματα αλλάζουν μορφές, για να μας δείχνουν πότε γίνεται αυτό που λένε, για να μας δείχνουν, δηλαδή, το **χρόνο**. Μπορείτε να χρησιμοποιείτε έναν εύκολο τρόπο για να βρίσκετε πώς γίνεται το κάθε ρήμα στο **χτες**.

Θα κάνετε μια πολύ απλή ερώτηση μέσα σας:
«Τι έκανα χτες για μια στιγμή;»
Να είστε σίγουροι ότι η απάντηση θα σας έρχεται αμέσως από μόνη της κι έτσι δε θα δυσκολεύεστε καθόλου.

Παραδείγματα

τώρα	**χτες**
(τι κάνω τώρα;)	**(τι έκανα χτες για μια στιγμή;)**
κουνώ	κούνησα
ανεβαίνω	ανέβηκα
χύνω	έχυσα

Εξάσκηση

✎ *Γράφω τις παρακάτω φράσεις πιο σύντομα, χρησιμοποιώντας απόστροφο όπου πρέπει, όπως στα παραδείγματα.*

σε ακολουθώ: **σ' ακολουθώ**
σε αγαπώ: ______
του έστησε: **του 'στησε**
και εσύ: ______
μου άρεσε: ______
του έφυγε: ______
και αυτό: ______

θα ανοίξω: ______________________

σου έδειξε: ______________________

με είδε: ______________________

για αύριο: ______________________

του ουρανού: ______________________

✎ *Διαβάζω προσεχτικά τα παρακάτω ρήματα και γράφω πώς θα γίνουν στο **χτες**. Προσέχω και την ορθογραφία τους, γιατί μπορεί να γράφονται με **ι** ή με **η** ή με **υ** ή με **ει**.*

τώρα	**χτες**
ποτίζω	______________________
κατεβαίνω	______________________
ξενυχτώ	______________________
δακρύζω	______________________
μένω	______________________
γυρίζω	______________________
λύνω	______________________
σβήνω	______________________
χτενίζω	______________________
λέω	______________________
ξύνω	______________________
παίρνω	______________________
μπαίνω	______________________
γκρεμίζω	______________________

κλείνω ______________________

βρίσκω ______________________

αγαπώ ______________________

βυθίζω ______________________

αφήνω ______________________

πίνω ______________________

✎ *Κλίνω το παρακάτω ρήμα στο* ***χτες,*** *όπως στο παράδειγμα.*

εγώ	**χτένισα**
εσύ	**χτένισες**
αυτός	**χτένισε**
εμείς	**χτενίσαμε**
εσείς	**χτενίσατε**
αυτοί	**χτένισαν**

εγώ	**γύρισα**
εσύ	______
αυτός	______
εμείς	______
εσείς	______
αυτοί	______

Μια κερασιά συνομήλικη του Διαμαντή

Λέξεις και φράσεις που χρειάζονται προσοχή

συνομήλικη: αυτή που έχει την ίδια ηλικία.

αργία: κάποια ημέρα του χρόνου που κανείς δε δουλεύει. Όλα είναι κλειστά, μαγαζιά και υπηρεσίες, είτε γιατί είναι γιορτή είτε για κάποιον άλλο λόγο. Για παράδειγμα, κάθε Κυριακή είναι αργία. Η ημέρα των Χριστουγέννων είναι αργία, όπως και η ημέρα του Πάσχα ή οι εθνικές γιορτές.

Με άλλα λόγια το μάθημα

Ο Διαμαντής μένει σε χωριό. Η ξαδέρφη του η Έφη μένει σε πόλη. Σήμερα έχουν και τα δυο παιδιά τα γενέθλιά τους, γιατί γεννήθηκαν την ίδια μέρα. Μάλιστα, τα δυο ξαδέρφια βρίσκονται μαζί, γιατί η οικογένεια της Έφης έχει έρθει στο χωριό.

Ο Διαμαντής έχει και μια κερασιά στην αυλή του, που «γεννήθηκε» κι αυτή την ίδια μέρα. Την είχε φυτέψει ο πατέρας του τη μέρα που γεννήθηκε ο Διαμαντής. Έτσι, σήμερα έχουν και οι τρεις γενέθλια: ο Διαμαντής, η Έφη και η κερασιά.

Μετά το φαγητό, τα παιδιά βγήκαν στην αυλή, για να παίξουν. Ο Διαμαντής, για να ευχαριστήσει την ξαδέρφη του, της έκανε ένα σωρό παιχνίδια. Ανέβαινε στην κερασιά και κρεμιόταν, της έκοβε τα πιο νόστιμα κεράσια, έβαζε στ' αυτιά του δυο δυο τα κεράσια, σαν σκουλαρίκια, ή σφύριζε σαν πουλί.

Η Έφη ήταν πολύ χαρούμενη και πέρασε τα γενέθλιά της πολύ πιο όμορφα απ' ό,τι θα τα περνούσε στην πόλη.

ακροβασίες: ακροβατικά. Δηλαδή, τα επικίνδυνα νούμερα που κάνουν οι ακροβάτες του τσίρκου στον αέρα. Τέτοια ακροβατικά περίπου έκανε και ο Διαμαντής.

τραγανά κεράσια: τα σφιχτά και νόστιμα κεράσια.

Η γραμματική του μαθήματος

Σ' αυτό το μάθημα θα μιλήσουμε για τις ημερομηνίες και για τους τρόπους με τους οποίους μπορούμε να τις γράφουμε.

Όπως ξέρουμε, όλοι οι μήνες, **εκτός από τον Αύγουστο**, τελειώνουν σε **-ιος** (Ιανουάρ**ιος**, Απρίλ**ιος**, Μά**ιος**...).

Για να γράψουμε την ημερομηνία, εκτός από την ημέρα, που γράφεται στην αρχή, γράφουμε:

αριθμό ημέρας + μήνα + έτος

Αυτά τα τρία μπορούμε να τα γράφουμε με δύο τρόπους. Προσέξτε:

✓ **αριθμός ημέρας** + **μήνας με κατάληξη -ίου** + **έτος**

Παραδείγματα

12 Απριλ**ίου** 1992, 30 Οκτωβρ**ίου** 1997

✓ **αριθμός ημέρας** + **του** + **μήνας με κατάληξη -η** + **έτος**

Παραδείγματα

12 του Απρίλ**η** 1992

30 του Οκτώβρ**η** 1997

Στο μόνο μήνα που δεν αλλάζει η κατάληξη είναι ο Αύγουστος.

Παραδείγματα

6 Αυγούστ**ου** 1992,

6 του Αυγούστ**ου** 1997

Ορθογραφική παρατήρηση

Ο **Ιανουάριος,** όταν αλλάζει, γίνεται **Γενάρης** και ο **Φεβρουάριος** γίνεται **Φλεβάρης**.

Εξάσκηση

✎ *Διαβάζω τις παρακάτω ημερομηνίες και ξαναγράφω την καθεμιά με τον άλλο τρόπο, όπως στο παράδειγμα.*

5 Φεβρουαρίου: **5 του Φλεβάρη**

18 του Ιούνη: ______________

7 Ιανουαρίου: ______________

25 του Νοέμβρη: ______________

31 Μαρτίου: ______________

29 του Μάη: ______________

✎ *Γράφω την ημερομηνία των παρακάτω γιορτών και με τους δύο τρόπους, όπως στο παράδειγμα.*

των Φώτων: **6 Ιανουαρίου**

ή 6 του Γενάρη

της Παναγίας: ______________________

____

τα γενέθλιά μου: ______________________

____

η γέννηση του Χριστού: ______________________

____

____

η επέτειος της ______________________

Επανάστασης ______________________

του 1821: ______________________

το κλείσιμο ______________________

του σχολείου ______________________

για το καλοκαίρι: ______________________

(γιορτή είναι κι αυτό!)

Στην αποθήκη του παππού

Λέξεις και φράσεις που χρειάζονται προσοχή

την έσπρωξε η περιέργεια: η Ματίνα ήθελε πολύ να δει τι έχει η αποθήκη. Ήταν πολύ περίεργη, το είχε συνέχεια στο μυαλό της και τελικά κατέβηκε.

Έδωσε κουράγιο στον εαυτό της: πήρε θάρρος από μόνη της.

μικρή δέσμη ηλιαχτίδες: μερικές ακτίνες του ήλιου, που μοιάζουν με ίσια φωτεινή κορδέλα μες στο σκοτάδι.

Με άλλα λόγια το μάθημα

Ένα μικρό κορίτσι, η Ματίνα, είχε πάει για μερικές ημέρες στο χωριό, στο σπίτι του παππού και της γιαγιάς. Εκεί, λοιπόν, θέλησε από περιέργεια να κατέβει στο υπόγειο του σπιτιού, που το είχαν για αποθήκη, και να δει τι έχει μέσα.

Η Ματίνα φοβόταν λιγάκι, αλλά ξεκίνησε για την εξερεύνησή της. Μέσα στο υπόγειο είχε δροσιά και μύριζε λάδι, κρασί και κρεμμύδια. Από ένα άνοιγμα στο παντζούρι έμπαινε λίγο φως. Μόλις συνήθισαν τα μάτια της, η Ματίνα άρχισε να παρατηρεί τα διάφορα πράγματα.

Είδε ένα παλιό μπαούλο, το βαρέλι με

το κρασί, κάτι σκόρδα. Είδε και μια φάκα για ποντίκια. Είδε και τη γάτα, αλλά, μέχρι να καταλάβει τι ήταν, φοβήθηκε.

Μετά από λίγο, κατέβηκε και ο παππούς, για να πάρει κρασί από το βαρέλι, και είπε στη Ματίνα ότι στην αυλή ήταν μαζεμένα τα παιδιά και την περίμεναν για παιχνίδι.

αμέτρητα μόρια σκόνης: πάρα πολλές μικρές κουκκίδες σκόνης, πολύ μικρά κομματάκια σκόνης.

αντιφέγγισμα: με τη λέξη αυτή εννοούμε το εξής: Το φως πέφτει πάνω σε μια επιφάνεια (σ' έναν τοίχο, για παράδειγμα), χτυπάει πάνω της και φωτίζει και λίγο πιο κει, δεξιά κι αριστερά, και όχι μόνο σ' εκείνο το σημείο. Για να το καταλάβετε πιο καλά, σκεφτείτε το εξής: Όταν φωτίζετε μ' ένα φακό ένα σκοτεινό δωμάτιο, δε βλέπετε μόνο το στρογγυλό φως από το φακό πάνω στον τοίχο, αλλά μπορείτε να δείτε και πιο πέρα. Αυτό γίνεται από το αντιφέγγισμα που κάνει ο τοίχος καθώς φωτίζεται από το φακό.

Εξάσκηση

✎ *Διαβάζω προσεχτικά τις παρακάτω λέξεις. Αν είναι* ***αντίθετες****, βάζω στην παρένθεση* ***Α*** *και, αν είναι* ***συνώνυμες****, βάζω* ***Σ****.*

φωτεινό - σκοτεινό ( )
ενώνω - χωρίζω ( )
συμμαζεμένα - τακτοποιημένα ( )
χαρίζω - δωρίζω ( )
κιβώτια - χαρτοκούτια ( )
ενώνω - συνδέω ( )
δεμένο - λυμένο ( )
αέρας - άνεμος ( )
καθαρά - βρώμικα ( )
ανοιχτό - κλειστό ( )
μπογιές - χρώματα ( )
σπάνια - συχνά ( )
προσέχω - χαζεύω ( )
έδωσε - πήρε ( )

σαρακοφαγωμένο: αυτό που έχει φαγωθεί από το σαράκι. Το σαράκι είναι ένα έντομο που ζει μέσα στο ξύλο και σιγά σιγά το τρώει.

δείλιασε: φοβήθηκε και για μια στιγμή έμεινε ακίνητη.

παραμόνευε: περίμενε ήσυχα, μήπως περάσει κάποιο ποντίκι, για να του ορμήσει απότομα και να το πιάσει.

ελαφρόμυαλο ποντίκι: απρόσεχτο ποντίκι. Δηλαδή, δεν πρόσεχε μήπως υπήρχε καμιά γάτα, δε φυλαγόταν.

κλεφτοφάναρο: φανάρι που χρησιμοποιούσαν παλιά για να βλέπουν στο σκοτάδι, όπως βλέπουμε εμείς με το φακό.

✎ *Διαβάζω τα ρήματα της πρώτης στήλης. Όλα έχουν σχέση με το ρήμα «βλέπω». Το καθένα, όμως, έχει και μια δική του, ξεχωριστή σημασία, που τη βρίσκω στη δεύτερη στήλη. Μετά, αντιστοιχίζω προσεχτικά.*

χαζεύω •	• μπορώ να διακρίνω πράγματα που δε φαίνονται καλά
αγναντεύω •	• βλέπω κάτι με πάρα πολλή προσοχή
ξεχωρίζω •	• βλέπω γύρω μου
παρατηρώ •	• δε βλέπω τίποτα συγκεκριμένο
κοιτάζω •	• βλέπω μακριά τη θέα

✎ *Φτιάχνω σύνθετες λέξεις, όπως στο παράδειγμα.*

θήκη μολυβιών: **μολυβοθήκη**
νομίσματα από χαρτί: ______________
μπογιά από λάδι: ______________
τροφή για ψάρια: ______________
κόκκινο χώμα: ______________

μπογιά από ξύλο: ______________________

ξύλο για τις κουρτίνες: ______________________

τραγουδώ σιγά: ______________________

φάρμακο για ποντίκια: ______________________

σακούλα από χαρτί: ______________________

Βέβαια, το κλεφτοφάναρο δεν είχε μπαταρίες, αλλά φιτίλι, που το άναβαν. Για να μπορεί να καίει το φιτίλι, του έριχναν λάδι.

Σκέφτομαι και γράφω

✎ *Η εικόνα μάς δείχνει μια αποθήκη.*

Την κοιτάζω προσεχτικά και μετά απαντώ στις ερωτήσεις.

• Γιατί τα ρούχα του μωρού βρίσκονται εκεί;

• Τι νομίζεις ότι έχει μέσα το κουτί που γράφει «ΣΤΟΛΙΔΙΑ»;

• Ποια παιχνίδια μπορείς να δεις;

Μια δική μου εξερεύνηση

Κάποια μέρα, ήμουν στο σπίτι μαζί με το μεγάλο μου αδερφό, τον Τάκη. Οι γονείς μας είχαν βγει έξω. Ο Τάκης ήταν στο δωμάτιό του και κάτι έφτιαχνε. Εγώ τακτοποιούσα τα πράγματά μου για την προπόνηση της επόμενης μέρας στο τένις.

Όπως έβαζα τη ρακέτα στη θήκη της, θυμήθηκα την παλιά μου ρακέτα. Θυμήθηκα, ακόμα, ότι η μαμά την είχε βάλει στην αποθήκη. Η αποθήκη μας είναι ένα μικρό δωμάτιο στο διάδρομο. Άνοιξα το φως και μετά την πόρτα. Μια παράξενη μυρουδιά έφτασε στη μύτη μου. Δεν πίστευα στα μάτια μου! Τι θησαυρός ήταν εκείνος; Δεν είχα ξαναμπεί ποτέ μου σ' αυτόν το χώρο του σπιτιού και τα είχα χάσει. Ένα σωρό πράγματα υπήρχαν εκεί.

Κουτιά με παλιά ρούχα, κουτιά με παπούτσια. Είδα και τα ρούχα που φορούσα όταν ήμουν μωρό. Είδα και το παλιό μας μίξερ. Ήταν πάνω σε δυο κουτιά με πλακάκια που είχαν περισσέψει από το μπάνιο μας. Πιο δίπλα ήταν ένα παλιό ραδιόφωνο. Δεν είχα ξαναδεί τέτοιο. Κάτω από αυτό βρίσκονταν τα εργαλεία του μπαμπά. Σε κάποιο ράφι ήταν και η μάσκα της θάλασσας, που έψαχνε ο Τάκης.

Ψαχούλεψα εδώ κι εκεί, ανακάτεψα διάφορα πράγματα, άλλαξα τη θέση σε μερικά, σκονίστηκα. Στο τέλος, βρήκα και τη ρακέτα.

– Καλά, πού ήσουν εσύ; με ρώτησε ο Τάκης όταν με είδε.

– Εξερευνούσα! του απάντησα.

Αφροδίτη

Το κλουβί του ήλιου

Με άλλα λόγια το μάθημα

Αυτό το ποίημα είναι ένα χαρούμενο «τραγουδάκι» για τον ήλιο, που στέκεται ψηλά στον ουρανό και μας φωτίζει, σαν πουλί που δεν μπορούμε να το πιάσουμε. Ούτε μπορούμε να κλείσουμε τον ήλιο σ' ένα δωμάτιο.

Μπορούμε, όμως, να τον βάλουμε σε μια σύγχρονη «φυλακή»: στον ηλιακό θερμοσίφωνα. Όχι, βέβαια, τον ίδιο τον ήλιο, αλλά τη ζέστη του.

Είναι, λοιπόν, άπιαστος ο ήλιος; Όπως λέει και η παροιμία, το έξυπνο πουλί από τη μύτη πιάνεται.

Λέξεις και φράσεις που χρειάζονται προσοχή

φλόγινα φτερά: φτερά από φλόγες. Εδώ, φυσικά, εννοεί τις ζεστές, καυτές ακτίνες του ήλιου, που φτάνουν στη γη και μας ζεσταίνουν.

ζυγιάζεται τ' αψήλου: στέκεται ακίνητος ψηλά στον ουρανό.

Εξάσκηση

✎ *Γράφω με μία λέξη πώς λέγεται...*

...αυτός που δεν έχει ξυριστεί:

αξύριστος

...αυτή που δεν είναι γνωστή:

άγνωστη

...αυτός που δεν έχει διαβάσει:

...αυτή που δεν έχει δύναμη:

...αυτό που δεν κουνιέται:

...αυτός που δεν κουράζεται:

...αυτό που δε χωρίζεται:

...αυτή που δεν έχει ποτιστεί:

...αυτό που δεν έχει χτιστεί:

...αυτό που δεν είναι κατάλληλο:

ξόβεργα του στήνω:
τις ξόβεργες τις χρησιμοποιούν οι άνθρωποι για να πιάνουν πουλιά. Είναι ξυλαράκια αλειμμένα με μια κολλητική ουσία. Τις ξόβεργες τις βάζουν στα δέντρα, έτσι ώστε να μοιάζουν με κανονικά κλαδιά. Αν κάποιο πουλάκι ξεγελαστεί και καθίσει εκεί, τα πόδια του κολλούν και δεν μπορεί να φύγει. Έτσι πιάνουν τα πουλιά. Εδώ, φυσικά, χρησιμοποιείται αυτή η λέξη στ' αστεία, γιατί ο ήλιος δεν είναι πραγματικό πουλί.

θερμοσυσσωρευτή: ηλιακό θερμοσίφωνα. Ο ηλιακός θερμοσίφωνας κάνει την ίδια δουλειά με τον ηλεκτρικό θερμοσίφωνα: ζεσταίνει το νερό. Ο ηλεκτρικός δουλεύει με ρεύμα, ενώ ο ηλιακός ζεσταίνει το νερό με τη ζέστη του ήλιου.

απ' τη μύτη το τσακώνουν πάντα το έξυπνο πουλί: αυτή η πρόταση μας θυμίζει την παροιμία «Το έξυπνο πουλί από τη μύτη πιάνεται». Δηλαδή, ακόμα και ο πιο έξυπνος, ο πιο πονηρός άνθρωπος κάποτε θα κάνει κάποιο λάθος και θα πιαστεί.

✎ *Διαβάζω την παρακάτω πρόταση και μετά την ξαναγράφω, αλλάζοντας κάθε φορά τη σειρά των λέξεων. Προσέχω να βγαίνει νόημα από αυτά που θα γράψω.*

Άσχημος είναι σήμερα ο καιρός. ______

Ο καιρός ______

Σήμερα ______

Ο καιρός ______

Άσχημος ______

Σήμερα ______

Είναι ______

✎ *Διαβάζω προσεχτικά τις παρακάτω φράσεις και μετά τις γράφω με σύντομο τρόπο, προσέχοντας τους δύο τόνους.*

το δικό μας παράθυρο: **το παράθυρό μας**

η δική σας τηλεόραση: ______

το δικό μου πουκάμισο: ______

τα δικά του γράμματα: ______

το δικό σου όνειρο: ______

το δικό μας πλυντήριο: ______

το δικό τους οικόπεδο: ____________________

η δική σας γέφυρα: ____________________

η δική μας θάλασσα: ____________________

ο δικός τους όροφος: ____________________

✎ *Κάνω σύνθετες λέξεις*
με τα παρακάτω ρήματα και επιρρήματα,
όπως στο παράδειγμα.

τρώω καλά: **καλοτρώω**

περνώ καλά: ____________________

μετρώ διπλά: ____________________

σβήνω αργά: ____________________

πίνω σιγά: ____________________

γράφω πρόχειρα: ____________________

Φωτεινούλα η περίεργη

Λέξεις και φράσεις που χρειάζονται προσοχή

Οι ερωτήσεις πέφτουν βροχή:
η Φωτεινή κάνει τη μία ερώτηση μετά την άλλη, ρωτάει συνεχώς.

απογοητεύεται:
στενοχωριέται, γιατί δε γίνεται αυτό θέλει ή αυτό που περιμένει, οπότε χάνει το ενδιαφέρον της.

μονομιάς:
κατευθείαν, με την πρώτη φορά.

να επιμένεις:
«επιμένω» σημαίνει ότι δεν κάνω μόνο μία προσπάθεια, αλλά προσπαθώ ξανά και ξανά, ώσπου να καταφέρω αυτό που θέλω.

Με άλλα λόγια το μάθημα

Η Φωτεινούλα είναι ένα κοριτσάκι που πηγαίνει στο νηπιαγωγείο. Όπως όλα τα παιδιά, έτσι κι αυτή θέλει όλο να ρωτάει και να μαθαίνει.

Ρωτάει για το ένα, ρωτάει για το άλλο, από τα πιο απλά μέχρι τα πιο απίθανα πράγματα. Τους γονείς της και τη μεγάλη της αδερφή τούς βομβαρδίζει συνεχώς με ερωτήσεις.

Όμως, οι άλλοι δεν έχουν πάντα όρεξη. Κάποιες φορές τούς κουράζουν οι πολλές ερωτήσεις της Φωτεινούλας.

Να, όπως σήμερα. Ο πατέρας δεν είχε πολλή όρεξη. Της είπε, πάντως, ότι είναι καλό να ρωτάει, γιατί έτσι μαθαίνει πολλά πράγματα. Και η αδερφή της Φωτεινούλας δεν είχε όρεξη για ερωτήσεις. Ήθελε, μάλιστα, να την αφήσει ήσυχη, γιατί έλυνε ένα σταυρόλεξο.

Η Φωτεινούλα, όμως, παραλίγο να βρει μια λέξη στο σταυρόλεξο. Και μια που της δόθηκε η ευκαιρία, ξανάρχισε τις ερωτήσεις.

Η γραμματική του μαθήματος

Πολλές φορές, με το ουσιαστικό **η οδός** μπερδευόμαστε και το λέμε ή το γράφουμε λάθος. Ας δούμε πώς πρέπει να το χρησιμοποιούμε σωστά.

✓ Όταν είναι με το άρθρο **η**, λέγεται ή γράφεται **οδός**.

Παραδείγματα

Αυτή είναι **η οδός** Σταδίου.
Μπροστά μας είναι **η οδός** Ακαδημίας.

✓ Όταν είναι με το άρθρο **την** ή **στην**, λέγεται ή γράφεται **οδό**.

Παραδείγματα

Θέλω να πάω **στην οδό** Σόλωνος.
Δεν μπορείς να πας από **την οδό** Χίου, γιατί γίνονται έργα.
Του έδειξε **την οδό** Ερμού.
Ο Νίκος μένει **στην οδό** Σαχτούρη.

κουτορνίθι: μ' αυτή τη λέξη εννοούμε «χαζό άνθρωπο». Βέβαια, η αδερφή της Φωτεινούλας τής το είπε στ' αστεία.

οδός: ένας συγκεκριμένος δρόμος, που έχει το δικό του όνομα. π.χ. «Μένω στην **οδό** Πανεπιστημίου.» Δηλαδή: «Μένω στο δρόμο που ονομάζεται Πανεπιστημίου».

μονοπάτι: στενό δρομάκι σε χωράφι ή σε δάσος ή σε βουνό. Φυσικά, το μονοπάτι δεν έχει άσφαλτο.

λεωφόρος: μεγάλος και πλατύς δρόμος σε πόλη, που χωράει πολλά αυτοκίνητα. Η κίνηση γίνεται και από τις δύο μεριές του.

Εξάσκηση

✎ *Διαβάζω προσεχτικά τα παρακάτω ζευγάρια λέξεων. Αν είναι* ***αντίθετες****, βάζω στην παρένθεση* ***Α*** *και, αν είναι* ***συνώνυμες****, βάζω* ***Σ****.*

απορίες - ερωτήματα ( )

βρίσκω - ανακαλύπτω ( )

πρόβλημα - άσκηση ( )

αποτυχία - επιτυχία ( )

απάντηση - ερώτηση ( )

μυαλό - νους ( )

εξήγηση - απάντηση ( )

ελπίδα - απογοήτευση ( )

χάνω - βρίσκω ( )

ανόητο - χαζό ( )

εργάζομαι - δουλεύω ( )

σελήνη - φεγγάρι ( )

καμινάδα - φουγάρο ( )

αγάπη - μίσος ( )

ειρήνη - πόλεμος ( )

καράβι - πλοίο ( )

Γραμματική παρατήρηση

Μην μπερδεύστε από το **στην** και ψάχνετε να βρείτε ποιο άρθρο είναι. Είναι το άρθρο **την**, που έχει μπροστά του το **σε**:
σε + την = στην

✎ *Λύνω το σταυρόλεξο με τις λέξεις της παρένθεσης.*

(ΔΡΟΜΟΣ, ΜΟΝΟΠΑΤΙ, ΛΕΩΦΟΡΟΣ, ΟΔΟΣ)

ΟΡΙΖΟΝΤΙΑ

1. Πολύ μεγάλος δρόμος με πολλά αυτοκίνητα.

2. Αυτός είναι για τα αυτοκίνητα.

ΚΑΘΕΤΑ

1. Μικρό δρομάκι στο δάσος.

2. Δρόμος με... όνομα.

✎ *Διαβάζω προσεχτικά τις παρακάτω προτάσεις. Έπειτα συμπληρώνω τα κενά γράφοντας **η οδός** ή **την οδό** ή **στην οδό**.*

– Το σπίτι μου είναι

_______________ Πατρών.

– Ψάχνω να βρω πού είναι

_______________ Αιόλου.

– Το λεωφορείο περνάει από

_______________ Βενιζέλου.

– _______________ Χίου είναι πολύ μακριά από δω.

– Για να φτάσεις εκεί, θα πας από _______________ Θράκης.

– Θα βρεις ταξί _______________ Κολοκοτρώνη.

– Πού είναι _______________ Κορίνθου;

– Όλα τα μαγαζιά _______________ Αγγελάκη είναι φωτισμένα.

– Μήπως ξέρετε _______________ Νίκης;

– Μπροστά από το σπίτι μου περνάει _______________ Διάκου.

Σκέφτομαι και γράφω

Οι δικές μου απορίες

Όλα τα παιδιά, σε όλο τον κόσμο, έχουμε απορίες. Βλέπετε, εμείς είμαστε μικροί και είναι πολλά τα πράγματα που δεν ξέρουμε. Κι ακόμα πιο πολλά είναι τα πράγματα που δεν καταλαβαίνουμε.

Έτσι, έχω κι εγώ τις δικές μου απορίες. Να σας πω μερικές από αυτές.

– Πού πάει κάθε πρωί το φεγγάρι;

– Γιατί δε βουλιάζουν τα καράβια, αφού είναι τόσο βαριά;

– Πώς βγαίνει μια φωτογραφία;

– Γιατί να υπάρχουν στον κόσμο παιδιά που πεινούν;

– Γιατί οι άνθρωποι βασανίζουν τα ζώα;

– Τι είναι πάνω από τον ουρανό;

– Γιατί ο μπαμπάς καπνίζει, αφού ξέρει ότι το κάπνισμα κάνει κακό στην υγεία του;

– Γιατί κάποιες χώρες πολεμούν;

– Γιατί δεν πονάνε τα μαλλιά μας όταν τα κόβουμε;

– Γιατί οι άνθρωποι δεν καταλαβαίνουν ότι πρέπει να προσέχουν τη φύση;

Αριστείδης

Ταξίδι με το τρένο

Λέξεις και φράσεις που χρειάζονται προσοχή

ταχεία, πόστα, μουντζούρης: είναι τρία είδη τρένων, το καθένα για διαφορετική δουλειά. Η **ταχεία** είναι ένα τρένο για επιβάτες, που ταξιδεύει πιο γρήγορα από τα άλλα. Η **πόστα** είναι ένα μικρότερο τρένο, που το χρησιμοποιούν για ταχυδρομικούς σκοπούς. Ο **μουντζούρης** είναι ένα εμπορικό τρένο, πολύ μεγάλο, και επειδή σέρνει πολλά

Με άλλα λόγια το μάθημα

Κοντά στο σπίτι του Πάνου και της Βούλας υπάρχουν σιδηροδρομικές γραμμές και περνούν συχνά τα τρένα. Τα δυο παιδιά έχουν μάθει τα διάφορα είδη των τρένων και μπορούν να τα ξεχωρίζουν από το σφύριγμά τους.

Από τα πολλά τρένα που έχουν δει, θέλουν να κάνουν ένα ταξίδι μ' αυτά. Και η χαρά τους ήταν μεγάλη όταν έμαθαν από τους γονείς τους ότι θα ταξιδέψουν.

Τη μέρα του ταξιδιού, είχαν πάει στο σταθμό νωρίτερα. Όταν έφτασε το τρένο και σταμάτησε, ανέβηκαν. Με χαρά είδαν ότι οι θέσεις τους ήταν δίπλα σε παράθυρο. Εκεί καθόταν και μια γυναίκα με το κοριτσάκι της.

Τα τρία παιδιά γνωρίστηκαν και σκέφτηκαν να εξερευνήσουν το τρένο. Είδαν το βαγόνι-μπαρ, όπου μπορείς να φας ή να πιεις κάτι. Είδαν και άλλα βαγόνια, που ήταν ίδια με το δικό τους. Ένα μόνο βαγόνι δεν είδαν, γιατί εκεί δεν τους άφησαν να μπουν.

Εξάσκηση

✎ *Γράφω σε αλφαβητική σειρά τις παρακάτω λέξεις.*

ράγες, πόστα, βαγόνι, ταχεία, εισιτήρια, καπνός, αποσκευές, μηχανή, θέση, σταθμός

1. ____________ 6. ____________

2. ____________ 7. ____________

3. ____________ 8. ____________

4. ____________ 9. ____________

5. ____________ 10. ____________

βαγόνια, ταξιδεύει σιγά. Το λένε έτσι στ' αστεία, γιατί η μηχανή του βγάζει πολύ μαύρο καπνό.

αγκομαχώντας: αυτή τη λέξη τη χρησιμοποιούμε γι' αυτόν που έχει λαχανιάσει και περπατάει ή κάνει μια δουλειά με το ζόρι, από την πολλή κούραση. Εδώ, χρησιμοποιείται η λέξη αυτή για να μας δείξει ότι το τρένο πήγαινε πολύ σιγά, από το πολύ βάρος.

Γεμάτα ανυπομονησία: με λαχτάρα, περίμεναν την ώρα του ταξιδιού πώς και πώς.

σταθμάρχης: υπάλληλος που φροντίζει να σταματούν και να ξεκινούν τα τρένα στο σταθμό.

σιδερένιες ράγες: οι δύο σιδερένιες γραμμές πάνω στις οποίες προχωράει το τρένο.

βαγόνια: είναι τα «οχήματα» που σέρνει πίσω της η μηχανή. Τα βαγόνια έχουν θέσεις για τους επιβάτες ή μπαρ ή είναι άδεια, για να φορτώνονται τα εμπορεύματα.

θαρρετά: με θάρρος, χωρίς να ντρέπεται ή να φοβάται.

τρεκλίζοντας: η λέξη «τρεκλίζω» σημαίνει ότι δεν μπορώ να προχωρήσω κανονικά και ίσια, γιατί είμαι πάνω σε κάτι που κουνιέται, και, αν δεν προσέξω, θα πέσω κάτω.

✎ *Διαβάζω τα παρακάτω ρήματα και γράφω τις μετοχές τους σε* ***-οντας*** *ή* ***-ώντας****.*

τρώγω: ____________________

τραβώ: ____________________

κερνώ: ____________________

λέγω: ____________________

πίνω: ____________________

πεινώ: ____________________

ταξιδεύω: ____________________

σέρνω: ____________________

ξυπνώ: ____________________

βγάζω: ____________________

ξημερώνω: ____________________

πουλώ: ____________________

ενώνω: ____________________

μυρίζω: ____________________

περπατώ: ____________________

πατώ: ____________________

✎ *Διαβάζω προσεχτικά τα παρακάτω ζευγάρια λέξεων. Αν είναι* ***αντίθετες,*** *βάζω στην παρένθεση* ***Α*** *και, αν είναι* ***συνώνυμες****, βάζω* ***Σ****.*

αμαξοστοιχία - τρένο	( )
επιθυμία - λαχτάρα	( )
συζήτηση - κουβέντα	( )
γρήγορα - αργά	( )
σταμάτημα - ξεκίνημα	( )
ρηχά - ξέβαθα	( )
θάρρος - δειλία	( )
βράδυ - πρωί	( )
γρήγορος - ταχύς	( )
ντουβάρι - τοίχος	( )
αλλιώς - διαφορετικά	( )
γενναία - θαρρετά	( )

είχε πολυτέλεια: τα πράγματα εκεί δεν ήταν συνηθισμένα, αλλά ήταν όλα πιο καλά, πιο προσεγμένα, πιο περιποιημένα πιο καθαρά.

πρώτη θέση: είναι η πιο καλή θέση του τρένου, σε ξεχωριστό βαγόνι, με μεγάλες «πολυθρόνες» για καθίσματα. Δεν επιτρέπεται να περνάει κόσμος από την πρώτη θέση, για να μην ενοχλούνται οι επιβάτες. Και, φυσικά, το εισιτήριο είναι πιο ακριβό.

Σκέφτομαι και γράφω

✎ *Παρατηρώ τις εικόνες και απαντώ στις ερωτήσεις.*

- Τι πρόκειται να κάνουν οι τέσσερις οικογένειες;

____

- Με ποιον τρόπο θα κάνει το ταξίδι της η κάθε οικογένεια;

____

- Τι έπρεπε να έχουν φροντίσει να βγάλουν η δεύτερη, η τρίτη και η τέταρτη οικογένεια;

____

- Ποιο από τα τέσσερα ταξίδια θα είναι το πιο γρήγορο;

____

- Ποια από τα τέσσερα ταξίδια θα είναι τα πιο αργά;

____

Ένα ταξίδι με πλοίο

Η άνοιξη είχε μπει για τα καλά. Ο καιρός είχε ζεστάνει. Πλησίαζε το καλοκαίρι. Μια μέρα, ο μπαμπάς με τη μαμά μάς είπαν να πάμε το σαββατοκύριακο μια εκδρομή στη Ζάκυνθο. Εγώ, η αδερφή μου και ο αδερφός μου χαρήκαμε πολύ.

Φύγαμε με το αυτοκίνητό μας και σε λίγες ώρες φτάσαμε στην Κυλλήνη, το λιμάνι απ' όπου ξεκινάει το πλοίο για τη Ζάκυνθο. Εκεί ήταν αραγμένα δυο μεγάλα φεριμπότ. Περιμέναμε στη σειρά με το αυτοκίνητο και σε λίγη ώρα μπήκαμε στο πλοίο. Το κάτω μέρος του πλοίου ήταν ένα τεράστιο γκαράζ, όπου έμπαιναν τα αυτοκίνητα, τα φορτηγά, τα λεωφορεία. Χωρούσε πάρα πολλά.

Από κάτι σκαλίτσες ανεβήκαμε πάνω. Υπήρχαν μεγάλα παγκάκια, για να κάθεται ο κόσμος. Υπήρχε και μια μεγάλη αίθουσα με τραπεζάκια και καρέκλες, όπου μπορούσες να πιεις ή να φας κάτι. Ο καιρός ήταν καλός και καθίσαμε έξω. Το αεράκι μάς χτυπούσε στο πρόσωπο. Η δροσιά και η μυρωδιά της θάλασσας μας τύλιγαν ευχάριστα. Σε λίγο, όλα γύρω μας ήταν γαλάζια. Φοβήθηκα για μια στιγμή. Όμως, το πλοίο ταξίδευε ήσυχα, χωρίς να κουνιέται καθόλου. Από το κατάστρωμα έβλεπα τη θάλασσα ν' αφρίζει, καθώς προχωρούσαμε. Προτού καλά καλά το καταλάβω, είχαμε φτάσει στη Ζάκυνθο.

Όλγα

Φεγγαράκι

Λέξεις και φράσεις που χρειάζονται προσοχή

πλανεμένος: αυτός που έχει «μαγευτεί» ή ξεγελαστεί από κάτι.

άμαθο: αυτό που δεν ξέρει και πολλά πράγματα. Αλλιώς θα το λέγαμε και «άβγαλτο».

βιάση: βιασύνη.

αργοπορημένο: αυτό που έχει αργήσει, που θα φτάσει αργότερα από την ώρα που έπρεπε.

Με άλλα λόγια το μάθημα

Το μικρό αυτό ποίημα μας μιλάει για το φεγγαράκι.

Είναι νύχτα και ένα τρένο ταξιδεύει. Το φεγγαράκι βλέπει το τρένο και αρχίζει να τρέχει πίσω του, για να το φτάσει και να το περάσει. Όσο πιο πολύ τρέχει το τρένο, που έχει αργήσει, τόσο πιο πολύ τρέχει πίσω του και το φεγγάρι.

Είναι σαν ένας αγώνας δρόμου του τρένου με το φεγγαράκι.

Εξάσκηση

✎ *Διαβάζω τα παρακάτω ρήματα και*

φτιάχνω επίθετα που τελειώνουν σε ***-ικός****, όπως στο παράδειγμα.*

βιάζομαι: **βιαστικός**
φωτίζω: ____________
κολλάω: ____________
κοροϊδεύω: ____________
ηλεκτρίζω: ____________
ταξιδεύω: ____________
χαϊδεύω: ____________
ακούω: ____________
τηλεφωνώ: ____________
προσέχω: ____________

✎ *Διαβάζω τα παρακάτω ρήματα και φτιάχνω μετοχές που τελειώνουν σε* ***-μένος****, όπως στο παράδειγμα.*

χρησιμοποιώ: **χρησιμοποιημένος**
χτυπώ: ____________
περπατώ: ____________
ξαπλώνω: ____________
λύνω: ____________
απλώνω: ____________
ενώνω: ____________
μετρώ: ____________
μαζεύω: ____________
αγαπώ: ____________

παραβγαίνει με το τρένο: κάνει αγώνα με το τρένο για το ποιος θα φτάσει πρώτος. Στην πραγματικότητα, βέβαια, δεν τρέχει το φεγγάρι πίσω από το τρένο ή από ένα αυτοκίνητο. Εμείς το νομίζουμε αυτό, όταν είμαστε επιβάτες, γιατί κινούμαστε γρήγορα. Όπως συμβαίνει και με τα δέντρα, που νομίζουμε ότι τρέχουν προς τα πίσω όταν ταξιδεύουμε.

Μια παλιά συνήθεια

Λέξεις και φράσεις που χρειάζονται προσοχή

καυχιόνταν: παινεύονταν, περηφανεύονταν.

έγνοια: κάτι που μας απασχολεί, που το σκεφτόμαστε συνέχεια και προσπαθούμε να βρούμε μια λύση. Η έγνοια των παιδιών ήταν τι δώρο θα αγόραζαν.

το δώρο θέλει αντίδωρο: εδώ, με τη λέξη «αντίδωρο» δεν εννοεί το ψωμάκι που παίρνουμε από την εκκλησία. Εννοεί το δώρο που πρέπει να κάνεις σε κάποιον που σου έχει κάνει πρώτος ένα δώρο.

Με άλλα λόγια το μάθημα

Σε κάποιο σχολείο, όπως συμβαίνει και σε πολλά άλλα, τα παιδιά συνήθιζαν να κάνουν δώρα στους δασκάλους τους την τελευταία μέρα της σχολικής χρονιάς. Έτσι, λοιπόν, όλα τα παιδιά ασχολούνταν με το δώρο που θα έκανε το καθένα στο δάσκαλο ή στη δασκάλα του.

Μια από αυτές τις μέρες, η δασκάλα της τάξης είπε στα παιδιά ότι όλοι οι δάσκαλοι του σχολείου αποφάσισαν να ζητήσουν από τους μαθητές να μη φέρουν δώρα φέτος. Έτσι κι αλλιώς, θα θυμούνταν όλα τα παιδιά και όλα όσα πέρασαν μαζί.

Εκείνη την ώρα, ήρθε μια ιδέα στη δασκάλα: αντί για δώρο, ζήτησε από τα παιδιά να της χαρίσουν από μια ζωγραφιά το καθένα.

Τα παιδιά έφτιαξαν τις καλύτερες ζωγραφιές τους και τις χάρισαν στη δασκάλα τους.

ζωγραφιές σαν να μιλούσαν: οι ζωγραφιές ήταν πολύ όμορφες, σαν ζωντανές.

Ορθογραφική παρατήρηση

Αν, στην προτελευταία συλλαβή ένα ρήμα έχει **ι** ή **η** ή **υ** ή **ει**, το διατηρεί και στους άλλους χρόνους.

τώρα	**χτες** (για μια στιγμή)	**μέχρι τώρα**
χτενίζω	χτένισα	έχω χτενίσει
ψήνω	έψησα	έχω ψήσει
λύνω	έλυσα	έχω λύσει
κλείνω	έκλεισα	έχω κλείσει

Θυμάμαι από τη γραμματική

✓ Όταν το **η** δεν το χρησιμοποιούμε ως άρθρο, αλλά για να μας βοηθήσει να **διαλέξουμε**, τότε παίρνει τόνο.

Παράδειγμα

Ο πατέρας **ή** η μητέρα είναι στο τηλέφωνο;

✓ Τις μετοχές που τελειώνουν σε **-οντας** ή **-ώντας** τις χρησιμοποιούμε για να δείχνουμε τον **τρόπο** με τον οποίο γίνεται κάτι.

Παράδειγμα

Έφτασε στη βάρκα **κολυμπώντας**.

(Με ποιον τρόπο έφτασε στη βάρκα; Με κολύμπι.)

Εξάσκηση

✎ *Διαβάζω προσεχτικά τις παρακάτω προτάσεις και μετά συμπληρώνω τα κενά με τις λέξεις της παρένθεσης.*

(μαζεύοντας, πίνοντας, τραγουδώντας, χτυπώντας, ακούγοντας, κολλώντας, χτενίζοντας, βουτώντας)

– Έγραφε ________________ μουσική.
– Ο μπαμπάς κάθεται στη βεράντα ________________ τον καφέ του.
– Έτρωγε ________________ το ψωμί στη σάλτσα.
– Καθάρισε το δωμάτιο ________________ τα πράγματά της.
– Περπατούσε ________________ ένα γνωστό τραγούδι.

– Η Φανή έπαιζε ________________
  τις κούκλες της.
– Έφτιαχνε ένα άλμπουμ
  ________________ τις φωτογραφίες.
– Το μωρό διασκέδαζε
  ________________ τα χέρια του.

✎ *Διαβάζω τα ρήματα της πρώτης στήλης και γράφω πώς θα γίνουν στο* ***χτες*** *και στο* ***μέχρι τώρα.*** *Προσέχω την ορθογραφία της προτελευταίας συλλαβής.*

τώρα	**χτες (για μια στιγμή)**	**μέχρι τώρα**
ποτίζω	**πότισα**	**έχω ποτίσει**
αφήνω		
χύνω		
δανείζω		
στήνω		
γκρεμίζω		
γυρίζω		
σβήνω		
συγχύζω		
προτείνω		
τυλίγω		
φροντίζω		

Το καΐκι που δεν ταξίδευε πια
Ο γλάρος

Λέξεις και φράσεις που χρειάζονται προσοχή

ταρσανά: μικρό ναυπηγείο σε νησί. Δηλαδή, ένα μέρος όπου επισκευάζουν βάρκες.

μαδέρια: χοντρές και πλατιές σανίδες.

όκια: οι δύο τρύπες που έχουν μπροστά οι βάρκες και τα πλοία, από τις οποίες ανεβοκατεβαίνει η άγκυρα με την αλυσίδα της.

στάζανε δάκρυα σκουριασμένα: η αλυσίδα είχε αφήσει σημάδια σαν γραμμές στο σημείο που κυλούσε, επειδή είχε σκουριάσει.

Με άλλα λόγια το μάθημα

Το κείμενο αυτό μας μιλάει για ένα καΐκι που πάλιωσε. Οι ψαράδες που το είχαν το έβγαλαν από τη θάλασσα και το άφησαν δίπλα στο μικρό ναυπηγείο. Κάποιοι βρήκαν ευκαιρία και του έβγαλαν τα ξύλα, για να τα χρησιμοποιήσουν στο τζάκι ή στη σόμπα τους.

Έτσι, από αυτό το καΐκι δεν είχε μείνει τίποτα εκτός από το σκελετό του, που ήταν αρκετός στα δυο παιδιά για ν' αρχίσουν το παιχνίδι. Φαντάζονταν ότι το καΐκι ήταν αληθινό, ότι ταξίδευαν και μετέφεραν προϊόντα, ότι πήγαιναν σε διάφορα μέρη σαν μεγάλοι ναυτικοί κι έφερναν καρπούζια, παστά και λάδι. Κι αυτά τα ταξίδια στη φαντασία των μικρών παιδιών ήταν τα καλύτερα.

Το ποιηματάκι μάς μιλάει για τους γλάρους, αυτά τα ξένοιαστα πουλιά, που το χρώμα τους είναι ίδιο με τον αφρό της θάλασσας.

Οι γλάροι δεν έχουν έγνοιες και σκοτούρες. Πετούν ελεύθεροι στα δυο γαλάζια της πατρίδας μας: τον ουρανό και τη θάλασσα.

Ορθογραφική παρατήρηση

Όπως έχουμε μάθει, όλα τα ουδέτερα που τελειώνουν σε **-ι** γράφονται με **γιώτα (ι)**.

Παραδείγματα

το καράβ**ι**, το καρφ**ί**

Υπάρχουν, όμως, και κάποια που τελειώνουν σε **-υ** με **ύψιλον (υ)**

Αυτά είναι:

το βράδυ, **το δάκρυ**, **το δίχτυ**, **το στάχυ**.

Σημείωση

Αν διαπιστώσετε ότι το παιδί δυσκολεύεται στα διαλυτικά, θα πρέπει να του κάνετε μια επανάληψη. Βρείτε το μάθημα που έχει τη θεωρία και επαναλάβετέ το με το παιδί.

κουβούκλιο: το δωματιάκι της βάρκας, όπου βρίσκεται το τιμόνι.

κουβέρτα: το κατάστρωμα του πλοίου ή της βάρκας, δηλαδή το μέρος όπου πατάμε.

αρματωσιά: ο εξοπλισμός της βάρκας, δηλαδή τα διάφορα εξαρτήματά της, όπως είναι το κατάρτι.

καυσόξυλα: ξύλα που καίμε στο τζάκι ή στη σόμπα.

θαλάσσιο κήτος: πολύ μεγάλο ψάρι ή θηλαστικό της θάλασσας, όπως είναι ο καρχαρίας ή η φάλαινα.

από γεννησιμιού τους: από την ώρα που γεννήθηκαν.

τσούρμο: το πλήρωμα ενός πλοίου, δηλαδή οι ναύτες που δουλεύουν σ' αυτό.

σαλπάραμε: φύγαμε για ταξίδι με το πλοίο, σηκώσαμε την άγκυρα και ξεκινήσαμε.

τα πανιά ισαρισμένα: τα πανιά φουσκωμένα καλά από τον αέρα.

πρίμα τον καιρό: αυτή η φράση σημαίνει ότι ο καιρός ήταν καλός και βοηθούσε στο ταξίδι, δεν το δυσκόλευε με άνεμο και φουρτούνα.

Εξάσκηση

✎ *Διαβάζω προσεχτικά τις παρακάτω λέξεις και βάζω τους τόνους και τα διαλυτικά, όπου χρειάζονται.*

Μαιος, γαιδουροπουλο, ρολοι, νεραιδα, νεραιδουλα, σοι, καικακι, γαιδαρος, ταιζω, Μαιου, καικι, μαιμουδιτσα, χαιδευω

✎ *Αλλάζω τις παρακάτω φράσεις από τον Ενικό στον Πληθυντικό ή το αντίστροφο, όπως στα παραδείγματα.*

το πολύχρωμο πουλί:

τα πολύχρωμα πουλιά

τα γραμμένα χαρτιά:

το γραμμένο χαρτί

το σβησμένο κερί:

____

το στρωμένο τραπέζι:

____

τα ψάθινα καλάθια:

____

τα ξηλωμένα κουμπιά:

____

το τρυπημένο δίχτυ:

____

τα ψεύτικα δάκρυα:

____

✎ *Διαβάζω προσεχτικά και γράφω φράσεις βάζοντας το δεύτερο ουσιαστικό στη* ***Γενική,*** *όπως στα παραδείγματα.*

τα πόδια - το τραπέζι:

τα πόδια του τραπεζιού

το νερό - η λίμνη:

το νερό της λίμνης

τα αρνιά - το κοπάδι:

____

το χρώμα - η εικόνα:

____

οι γλάστρες - η αυλή:

____

το κοτσάνι - το αχλάδι:

____

η φλόγα - το κερί:

____

οι παίκτες - η ομάδα:

____

Ελληνικά νησάκια

Λέξεις και φράσεις που χρειάζονται προσοχή

ξεμοναχιασμένα: μακριά από τα άλλα, μόνα τους.

κολυμπούν σαν δελφίνια: κολυμπούν πάρα πολύ καλά, σαν τα δελφίνια, που είναι πολύ καλοί κολυμβητές.

τα θαλάμια των χταποδιών: οι φωλιές των χταποδιών, δηλαδή ανοίγματα που έχουν οι βράχοι κάτω από τη θάλασσα.

το στέκι των αχινών: το μέρος όπου μαζεύονται οι αχινοί. Γενικά, με τη λέξη «στέκι» εννοούμε το μέρος όπου μαζεύεται μια παρέα.

Με άλλα λόγια το μάθημα

Η Ελλάδα είναι γνωστή σε όλο τον κόσμο για τα πολλά και πανέμορφα νησιά της. Μικρά ή μεγάλα, ξεφυτρώνουν μέσα από τη θάλασσα, με τα άσπρα σπιτάκια τους και τους λίγους μα καλόκαρδους ανθρώπους τους.

Σ' αυτά τα νησάκια τα παιδιά είναι λίγα κι έχουν μάθει τη θάλασσα από μικρά. Ξέρουν να κολυμπούν καλά, ξέρουν να ψαρεύουν ή να ράβουν τις τρύπες που έχουν τα δίχτυα.

Οι μικροί αυτοί ναυτικοί είναι περήφανοι για τον τόπο τους. Μπορεί ο χειμώνας να είναι δύσκολος εκεί, μα το καλοκαίρι είναι υπέροχο. Δεν υπάρχει ομορφότερο μέρος στον κόσμο από τα νησιά μας.

Αυτό το γνωρίζουν όλοι και γι' αυτό έρχονται για διακοπές. Από κάθε γωνιά της γης καταφθάνουν τουρίστες, για να απολαύσουν τον ήλιο, τη θάλασσα και τον ουρανό της Ελλάδας.

Θα ήταν, όμως, καλύτερα αν, φεύγοντας, δεν άφηναν πίσω τους σκουπίδια και βρωμιές.

Θυμάμαι από τη γραμματική

Ας θυμηθούμε πώς γράφονται οι καταλήξεις κάποιων ρημάτων.

✓ Όλα τα ρήματα που τελειώνουν σε **-ω** γράφονται, φυσικά, με **ωμέγα (ω)**.

Παραδείγματα

παίζ**ω**, διαβάζ**ω**, φτιάχν**ω**

✓ Τα ρήματα που τελειώνουν σε **-ίζω** γράφονται με **γιώτα (ι)**.

Παραδείγματα

γυρ**ί**ζω, σφυρ**ί**ζω, ποτ**ί**ζω

✓ Τα ρήματα που τελειώνουν σε **-ώνω** γράφονται με **ωμέγα (ω)**.

μπουρού: μεγάλο στριφογυριστό κοχύλι. Από τη μια μεριά έχει μια μικρή τρύπα κι από την άλλη μια μεγάλη. Τα παιδιά φυσάνε από τη μικρή τρύπα και ακούγεται ένας βαθύς, χαρακτηριστικός ήχος, όπως το σφύριγμα των καραβιών.

το κύμα σηκώνεται βουνό: σηκώνονται μεγάλα και ψηλά κύματα από τη φουρτούνα.

Στη χάση και στη φέξη: αραιά και πού, σπάνια.

να πληθαίνουν τα πλεούμενα: να έρχονται πολλά καράβια.

Παραδείγματα

απλ**ώ**νω, σιδερ**ώ**νω, καρφ**ώ**νω

✓ Τα περισσότερα ρήματα που τελειώνουν σε **-αίνω** γράφονται με **άλφα γιώτα** (**αι**).

Παραδείγματα

μαθ**αί**νω, καταλαβ**αί**νω, ανεβ**αί**νω

✓ Σχεδόν όλα τα ρήματα που τελειώνουν σε **-εύω** γράφονται με **έψιλον ύψιλον** (**ευ**).

Παραδείγματα

ψαρ**εύ**ω, λατρ**εύ**ω, φυτ**εύ**ω

-ίζω	**-ώνω**	**-αίνω**	**-εύω**
φροντίζω	ξαπλώνω	ανασαίνω	πιστεύω
ασπρίζω	τεντώνω	κατεβαίνω	κοντεύω
βυθίζω	βουλώνω	ομορφαίνω	παγιδεύω

Εξάσκηση

✎ *Διαβάζω προσεχτικά τις παρακάτω λέξεις. Αν είναι **συνώνυμες**, βάζω στην παρένθεση **Σ** και, αν είναι **αντίθετες**, βάζω **Α**.*

δέμα - πακέτο ( )
βοριάς - νοτιάς ( )
γαλήνη - φουρτούνα ( )

πλεούμενο - καράβι ( )
ναυπηγείο - ταρσανάς ( )
πολλά - λίγα ( )
μικροί - μεγάλοι ( )
συχνά - σπάνια ( )
θάλασσα - στεριά ( )
καλωσορίζω - υποδέχομαι ( )
χαίρομαι - ευχαριστιέμαι ( )
στενοχώρια - θλίψη ( )
γεμίζει - αδειάζει ( )
μαζί - χώρια ( )
κοντά - σιμά ( )
έρχεται - φεύγει ( )

✎ *Γράφω σε αλφαβητική σειρά τα παρακάτω ρήματα.*

μυρίζω, φουσκώνω, πληθαίνω, γιατρεύω, στρώνω, αρρωσταίνω, χαζεύω, ξυρίζω, θολώνω, δωρίζω

1. ______________ 6. ______________
2. ______________ 7. ______________
3. ______________ 8. ______________
4. ______________ 9. ______________
5. ______________ 10. ______________

Το σταχομάζωμα

Λέξεις και φράσεις που χρειάζονται προσοχή

οι φτερωτοί μας ταξιδιώτες: τα χελιδόνια που γύρισαν από το ταξίδι τους.

τα στάχυα μέστωσαν: τα στάχυα ωρίμασαν και είναι έτοιμα για να μαζευτούν.

θερισμού: η λέξη «θερισμός» σημαίνει το μάζεμα του σιταριού.

Με άλλα λόγια το μάθημα

Το ποίημα αυτό μας μιλάει για τα σπουργίτια. Αντίθετα από τα χελιδόνια, τα σπουργίτια δε φεύγουν το χειμώνα για τις ζεστές χώρες, αλλά μένουν εδώ. Κάνουν σπίτι τους τις άδειες φωλιές των χελιδονιών και περιμένουν να ξανάρθει η άνοιξη και το καλοκαίρι.

Όταν γυρίζουν τα χελιδόνια, τους δίνουν πίσω τις φωλιές τους και πάνε στα χωράφια με τα στάχυα, για να χορτάσουν τους νόστιμους σπόρους του σιταριού.

Εξάσκηση

✎ *Διαβάζω τις παρακάτω προτάσεις και μετά τις αλλάζω από τον Ενικό στον Πληθυντικό ή το αντίστροφο, όπως στα παραδείγματα.*

ο καθαρός ουρανός:

οι καθαροί ουρανοί

οι παλιοί χάρτες:

ο παλιός χάρτης

ο άγριος λύκος:

____

τα γυάλινα ποτήρια:

____

ο κουρασμένος παίκτης:

____

οι δυνατές βροχές:

____

ο ανθισμένος κήπος:

____

τα πλυμένα χαλιά:

____

ο προσεκτικός οδηγός:

____

ξανθά χωράφια - χρυσό κάμπο: επειδή τα στάχυα έχουν κίτρινο χρώμα, κάτω από το φως του ήλιου φαίνονται χρυσά. Κι έτσι, μοιάζει όλος ο κάμπος χρυσός.

σταχομάζωμα - σταχομαζώχτης: το μάζεμα του σταχυού – αυτός που μαζεύει στάχυα.

την εικόνα του νησιού:

Μια άλλη επικεφαλίδα για το μάθημα

Πώς αλλιώς θα μπορούσαμε να πούμε αυτό το ποίημα;

Να το πούμε:

«Ο σπουργίτης»;

Ή να το πούμε

«Ο σπουργίτης μας ο σταχομαζώχτης»;

✎ *Σκέφτομαι και γράφω δικές μου επικεφαλίδες.*

Οι μικροί ταξιδιώτες ανεβαίνουν το βουνό

Με άλλα λόγια το μάθημα

Μια παρέα παιδιών αποφάσισε να πάει εκδρομή στην εξοχή και πήρε το δρόμο που οδηγούσε στα βουνά.

Είχαν προχωρήσει αρκετά, ώσπου έφτασαν σε μια ραχούλα. Αμέσως τους χτύπησε στο πρόσωπο ο κρύος βουνίσιος αέρας. Η μυρωδιά της φύσης μπήκε μέσα τους. Η ανάσα των βουνών τούς δρόσισε.

Γύρω τους άκουγαν το τραγούδι των πουλιών, που φτερούγιζαν από κλαδάκι σε κλαδάκι. Ένα αγριοκάτσικο, σκαρφαλωμένο πάνω σ' ένα βράχο, κοιτούσε τους επισκέπτες.

Τα παιδιά έμειναν να κοιτάζουν τη φύση

Λέξεις και φράσεις που χρειάζονται προσοχή

ράχη: το πάνω μέρος ενός λόφου ή ενός χαμηλού βουνού.

λαγκαδιά: (ή λαγκάδι): βαθούλωμα που σχηματίζεται ανάμεσα σε δυο βουνά. Το λαγκάδι είναι γεμάτο από φυτά και βουνίσια βλάστηση.

τραχηλιά: ο σβέρκος του πουλιού. Αλλιώς λέγεται και «τράχηλος».

λαρυγγισμό: το κελάηδημα των πουλιών.

έστεκε στην κόψη του βράχου: στεκόταν άκρη άκρη στο βράχο.

θεόρατα σπίτια: τεράστια σπίτια.

πουρνάρια και κουμαριές: το πουρνάρι και η κουμαριά είναι θάμνοι που φυτρώνουν σε ορεινά μέρη, δηλαδή σε βουνά. Τα φύλλα τους είναι μικρά, σκληρά, με μύτες στις άκρες.

κατέβαιναν: συνέχιζαν προς τα κάτω.

γυμνοί: πάνω στους βράχους δεν είχε φυτρώσει κανένα φυτό.

και τα ψηλά βουνά. Τεράστιοι βράχοι ορθώνονταν μπροστά τους, άλλοι καταπράσινοι, άλλοι γυμνοί. Τα παιδιά έβλεπαν τα βουνά, ανάσαιναν τη δροσιά τους και, ακολουθώντας το δρομάκι, σκαρφάλωναν στις κορφές τους.

Η γραμματική του μαθήματος

Έχουμε μάθει ότι τα επίθετα σχηματίζονται και στα τρία γένη. Έχουμε μάθει, επίσης, και τις καταλήξεις από δύο ομάδες επιθέτων. Ας τα θυμηθούμε.

✓ Τα επίθετα που τελειώνουν σε **-ός**, **-ή**, **-ό**.

Παραδείγματα

ο μικρ**ός**	η μικρ**ή**	το μικρ**ό**
ο καθαρ**ός**	η καθαρ**ή**	το καθαρ**ό**

✓ Τα επίθετα που τελειώνουν σε **-ός**, **-ιά**, **-ό**.

Παραδείγματα

ο γλυκ**ός**	η γλυκ**ιά**	το γλυκ**ό**
ο ξανθ**ός**	η ξανθ**ιά**	το ξανθ**ό**

Αυτό που πρέπει να ξέρουμε είναι ότι μερικά επίθετα σχηματίζουν το θηλυκό γένος **και με τους δύο τρόπους:**

σε **-ιά** και σε **-ή**. Το αρσενικό και το ουδέτερο δεν αλλάζουν. Ας δούμε μερικά τέτοια επίθετα.

αρσενικό	**θηλυκό**
ο πλαστικ**ός**	η πλαστικ**ιά** και η πλαστικ**ή**
ο μαλακ**ός**	η μαλακ**ιά** και η μαλακ**ή**
ο κακ**ός**	η κακ**ιά** και η κακ**ή**
ο ευγενικ**ός**	η ευγενικ**ιά** και η ευγενικ**ή**
ο ξανθ**ός**	η ξανθ**ιά** και η ξανθ**ή**

Θυμάμαι από τη γραμματική

Όταν μάθαμε τα επίθετα που τελειώνουν σε **-ύς, -ιά, -ύ,** είχαμε παρατηρήσει ότι το **ύψιλον** του αρσενικού και του ουδετέρου γίνεται **γιώτα** στο θηλυκό:

ο βαθ**ύς**	η βαθ**ιά**	το βαθ**ύ**
ο πλατ**ύς**	η πλατ**ιά**	το πλατ**ύ**
ο φαρδ**ύς**	η φαρδ**ιά**	το φαρδ**ύ**

Εξάσκηση

✎ *Διαβάζω προσεχτικά τα παρακάτω ουσιαστικά. Μετά γράφω μπροστά από το καθένα το κατάλληλο επίθετο. Δεν ξεχνώ και το άρθρο.*

~~πικρός~~, νόστιμο, κόκκινη, ξύλινη, καθαρό, καινούριο, δερμάτινη, γυάλινο, έγχρωμη, βαμβακερό, μαλλιαρό, γαλάζιος

ο πικρός	καφές
____________	τσάντα
____________	νερό
____________	αρκουδάκι
____________	τηλεόραση
____________	ντομάτα
____________	ποδήλατο
____________	πουκάμισο
____________	ποτήρι
____________	καρέκλα
____________	ουρανός
____________	φαγητό

✎ *Διαβάζω προσεχτικά τα παρακάτω επίθετα και γράφω το αντίθετο του καθενός. Προσέχω να είναι στο ίδιο γένος.*

η κρύα: ____________

ο βαρύς: ____________

ο πικρός: ____________

η αδύνατη: ____________

το ωραίο: ____________

το βαθύ: ____________________

η άτακτη: ____________________

ο φωτεινός: ____________________

το φθηνό: ____________________

η παλιά: ____________________

ο άδειος: ____________________

το καθαρό: ____________________

η άσπρη: ____________________

η ψηλή: ____________________

το καλό: ____________________

το εύκολο: ____________________

Ζαχαρίας Παπαντωνίου

Ο Ζαχαρίας Παπαντωνίου γεννήθηκε στο Καρπενήσι το 1877. Όταν μεγάλωσε κι έφτασε η ώρα να σπουδάσει, παρά το ότι οι γονείς του ήθελαν να γίνει γιατρός, αυτός σπούδασε ζωγραφική.

Αργότερα έφυγε από την Ελλάδα και πήγε στο Παρίσι ως δημοσιογράφος κάποιας εφημερίδας. Εκεί άρχισε να γράφει. Όταν γύρισε στην Ελλάδα, έγινε νομάρχης σε κάποιους νομούς και αργότερα έγινε διευθυντής στην Εθνική Πινακοθήκη. Τότε έγραψε και το περίφημο βιβλίο του Τα ψηλά βουνά. *Είναι ένα βιβλίο για παιδιά, που αργότερα έγινε και «Γλώσσα» στα δημοτικά σχολεία.*

Ο Ζαχαρίας Παπαντωνίου πέθανε στην Αθήνα το 1940.

Σκέφτομαι και γράφω

Τι είδα από ένα ψηλό μέρος

Θυμάμαι πέρσι που είχαμε πάει μια εκδρομή στο Ναύπλιο. Με τη μαμά , τον μπαμπά και τον αδερφό μου ανεβήκαμε πάνω στο κάστρο. Ήταν ένα κάστρο μεγάλο, χτισμένο στο πιο ψηλό σημείο της περιοχής. Είδαμε εκεί και τη φυλακή όπου είχαν κλείσει τον Κολοκοτρώνη.

Πλησιάσαμε στις πολεμίστρες, για να θαυμάσουμε από κει τη θέα. Η έκπληξη που μας περίμενε όλους ήταν μεγάλη. Με το που φτάσαμε στην άκρη, ξαφνικά νομίσαμε ότι πετούσαμε και βλέπαμε από ψηλά όλη την περιοχή.

Φαινόταν όλη η πόλη του Ναυπλίου, με τα σπίτια, τους δρόμους, τα αυτοκίνητα που κινούνταν. Οι άνθρωποι φαίνονταν πάρα πολύ μικροί. Στο λιμάνι, τα τεράστια πλοία φαίνονταν σαν βαρκούλες. Πέρα στον ορίζοντα, τα χωράφια έμοιαζαν σαν ένα πολύχρωμο χαλάκι. Το νησάκι που ήταν πιο πέρα από το κάστρο έμοιαζε με μικρό βραχάκι μέσα στην απέραντη θάλασσα. Πέρα στο βάθος, η γραμμή της θάλασσας δεν ξεχώριζε από τη γραμμή του ουρανού.

Κανείς μας δεν είχε ξαναδεί τέτοια θέα. Μείναμε ακίνητοι κάμποση ώρα και ο καθένας μας κοιτούσε ό,τι του έκανε μεγαλύτερη εντύπωση. Με βαριά καρδιά αποφασίσαμε να κατεβούμε κάτω.

Μάρθα

Άστρα, γρύλοι και κουδούνια

Με άλλα λόγια το μάθημα

Είναι βράδυ και ένα αγόρι, ο Φάνης, δεν μπορεί να κοιμηθεί. Είναι σε μια καλύβα στο δάσος και δε θέλει να χάσει την ευκαιρία που έχει να δει τον ουρανό. Το παίρνει απόφαση, ντύνεται και βγαίνει έξω.

Μόλις κάθεται και σηκώνει ψηλά τα μάτια του, τα χάνει. Δεν έχει ξαναδεί τέτοια ομορφιά. Ο ουρανός φαίνεται σαν φωτεινή θάλασσα, γεμάτος με χιλιάδες άστρα, μικρά και μεγάλα, φωτεινά και λιγότερο φωτεινά.

Ο Φάνης αρχίζει να τα παρατηρεί. Μερι-

Λέξεις και φράσεις που χρειάζονται προσοχή

καταγής: κάτω στη γη.

βαθύ ουρανό: ο ουρανός, απ' τα πολλά αστέρια που είχε, φαινόταν να συνεχίζεται και προς τα πάνω. Φαινόταν το βάθος του, όπως λέμε.

σαν αμέτρητο χρυσό μελίσσι που χύθηκε ψηλά κι έβοσκε: τα αμέτρητα αστέρια έμοιαζαν με χιλιάδες μέλισσες, που βγήκαν από τη φωλιά τους και σκόρπισαν ψηλά στον ουρανό.

κά είναι μαζεμένα σ' ένα σημείο. Κάποιο άλλο άστρο είναι πιο μακριά, μόνο του. Μέχρι και διάφορα σχέδια φτιάχνουν τ' άστρα εκεί ψηλά.

Μα δεν είναι μόνο ο Φάνης θεατής αυτής της υπέροχης θέας. Ένα σωρό γρύλοι έχουν βγει κι αυτοί στο δάσος και κοιτάζουν. Μαγεμένοι από την ομορφιά αυτή, συντροφεύουν το Φάνη με τη μουσική τους, μαζί με τον ήχο απ' τα κουδούνια των προβάτων.

η πούλια: η πούλια είναι ένας αστερισμός που αποτελείται από εφτά αστέρια.

ένα λευκό ποταμάκι: το φως του φεγγαριού στο σκοτεινό ουρανό φαίνεται σαν λευκό ποταμάκι ή σαν λευκό δρομάκι.

γρύλοι: ο γρύλος είναι ένα έντομο που μοιάζει με το τζιτζίκι, βγάζει τον ίδιο περίπου ήχο και σίγουρα το έχετε ακούσει τα βράδια του καλοκαιριού.

αστροφεγγιά: η λάμψη, το φως που δίνουν στον ουρανό τα πολλά αστέρια.

κουδούνια ψιλά: που βγάζουν ψιλό, λεπτό ήχο.

κουδούνια βαθιά: που βγάζουν βαθύ, χοντρό ήχο.

Η γραμματική του μαθήματος

Όπως έχουμε μάθει, τα ρήματα μας φανερώνουν ότι κάποιος κάνει κάτι ή παθαίνει κάτι. Όταν μας φανερώνουν ότι κάποιος παθαίνει κάτι, τα ρήματα τελειώνουν σε **-ομαι**.

Παραδείγματα

κόβ**ομαι**, τραυματίζ**ομαι**, βρέχ**ομαι**

Ας δούμε πώς κλίνονται δύο τέτοια ρήματα.

εγώ	**πιάνομαι**
εσύ	**πιάνεσαι**
αυτός	**πιάνεται**
εμείς	**πιανόμαστε**
εσείς	**πιάνεστε**
αυτοί	**πιάνονται**

εγώ	**βρέχομαι**
εσύ	**βρέχεσαι**
αυτός	**βρέχεται**
εμείς	**βρεχόμαστε**
εσείς	**βρέχεστε**
αυτοί	**βρέχονται**

Εκείνο που πρέπει να παρατηρήσουμε και που έχει μεγάλη σημασία για την ορθογραφία είναι οι καταλήξεις.

✓ Όταν το πρόσωπο είναι **εγώ** ή **εσύ** ή **αυτός** ή **αυτοί**, τότε η κατάληξη γράφεται με **άλφα γιώτα** (**αι**).

✓ Όταν το πρόσωπο είναι **εμείς** ή **εσείς**, τότε η κατάληξη γράφεται με **έψιλον** (**ε**).

Παραδείγματα

εγώ	τυλίγομ**αι**	**εσύ**	βάφεσ**αι**
αυτοί	χτυπιούντ**αι**	**εσείς**	χάνεστ**ε**
εμείς	κουραζόμαστ**ε**	**αυτός**	βιάζετ**αι**

κουδούνια γλυκά: που βγάζουν γλυκό, μελωδικό, ευχάριστο ήχο.

κουδούνια βραχνά: που βγάζουν βραχνό ήχο, σαν να ακούγεται με δυσκολία.

χύθηκε ανάμεσα στ' άλλα: ενώ ήταν ακίνητο, ξαφνικά όρμησε ανάμεσα στα άλλα αστέρια. Είναι αυτό που λέμε «ένα αστέρι πέφτει».

Θυμάμαι από τη γραμματική

Ας θυμηθούμε ότι δεν πρέπει να μπερδεύουμε την κατάληξη των ρημάτων στο **εσείς**. Πολλές φορές, τη λέμε ή τη γράφουμε λάθος, αλλά καλό είναι να συνηθίσουμε το σωστό.

Η κατάληξη στο **εσείς** δεν είναι **-όσαστε,** αλλά **-εστε**.

όχι	**αλλά**
εσείς γραφόσαστε	εσείς γράφ**εστε**
εσείς κυλιόσαστε	εσείς κυλι**έστε**
εσείς βαφόσαστε	εσείς βάφ**εστε**

Εξάσκηση

✎ *Στις δύο στήλες είναι γραμμένα τα ίδια επίθετα. Δίπλα σ' αυτά γράφω τα ουσιαστικά της παρένθεσης ως εξής: Στην πρώτη στήλη γράφω τα ουσιαστικά που πραγματικά είναι έτσι όπως λέει το επίθετο, ενώ στη δεύτερη τα ουσιαστικά που τα λέμε έτσι για να ομορφύνουμε τα λόγια μας. Γράφω όπως στο παράδειγμα.*

Σημείωση
Κάτι πολύ σημαντικό για τα ρήματα της Παθητικής φωνής είναι να δώσετε στο παιδί να καταλάβει τι σημαίνει η φράση «το ρήμα μάς δείχνει ότι κάποιος παθαίνει κάτι». Θα πρέπει να του εξηγήσετε ότι αυτό το «παθαίνει» δε σημαίνει πάντα κάτι κακό. Μπορεί να «παθαίνει» και κάτι καλό, δηλαδή να «του συμβαίνει κάτι» ή να «κάνει κάτι στον εαυτό του». Για παράδειγμα: «Το χωράφι ποτίζεται από τη βροχή.» «Η Κατερίνα χτενίζεται.»

(~~κλωστή~~, ~~φωνή~~, αστέρι, δρόμος, παιδί, χειμώνας, σχέδιο, σούπα, χαμόγελο, καναπές, ουρανός, καρδιά)

λεπτή	**κλωστή**	κρύα	________
λεπτή	**φωνή**	κρύα	________
βαρύς	________	έξυπνο	________
βαρύς	________	έξυπνο	________
φωτεινό	________	καθαρός	________
φωτεινό	________	καθαρός	________

✎ *Διαβάζω προσεχτικά τα παρακάτω ρήματα και τα πρόσωπά τους και μετά συμπληρώνω τη σωστή κατάληξη.*

εγώ	φαίνομ____	εσύ	φαίνεσ____
αυτοί	βρέχοντ____	αυτός	βρέχετ____
εσείς	κουράζ____	εμείς	κουραζ____
αυτός	βιάζετ____	εσείς	βιάζ____
εμείς	ονομαζ____	εσύ	ονομάζεσ____
εσύ	χάνεσ____	εγώ	χάνομ____
αυτοί	σηκώνοντ____	εσείς	σηκών____
εσείς	ακούγ____	αυτός	ακούγετ____
εγώ	βυθίζομ____	εμείς	βυθιζ____
εμείς	τραυματιζ____	εγώ	τραυματίζομ____

Σε μια ξεραγκαθιά

Λέξεις και φράσεις που χρειάζονται προσοχή

ξεραγκαθιά: φυτό ξεραμένο, γεμάτο αγκάθια.

ανάτρεφε: μεγάλωνε τα παιδιά της.

Τι νόστιμα παλικαράκια: τι όμορφα, χαριτωμένα παλικαράκια.

Με μαύρα γυαλιστά σκουφάκια ντυμένα, και με κανελιά βρακιά και πανωφόρια: τα τριζόνια, φυσικά, δε φοράνε ρούχα. Αυτά είναι τα χρώματα του σώματός τους.

Τηράτε: κοιτάξτε.

παίρνει το σκοτάδι: πέφτει το σκοτάδι, έρχεται η νύχτα.

Με άλλα λόγια το μάθημα

Το ποιηματάκι αυτό είναι μια χαρούμενη ιστορία για κάποια τριζόνια. Μας λέει ότι ένα θηλυκό τριζόνι γέννησε και μεγάλωσε δέκα όμορφα και πολύχρωμα τριζονάκια.

Ένα βράδυ, η μητέρα τούς είπε ότι τώρα που έφτασε η νύχτα τα πουλιά πάνε για ύπνο, οπότε τα τριζόνια δεν έχουν φόβο μήπως τα πιάσουν και τα φάνε. Έτσι, μπορούν να βγουν από το μέρος που κρύβονται και ν' αρχίσουν το τραγούδι τους.

Η μητέρα άρχισε πρώτη το τραγούδι και σε λίγο άρχισαν και τα μικρά της. Έγινε σωστό πανηγύρι. Όλο το βράδυ γλεντούσαν.

Μόλις, όμως, ήρθε το πρωί, τα τριζόνια μπήκαν στην κρυψώνα, γιατί κινδυνεύουν από τα πουλιά.

Η γραμματική του μαθήματος

Σ' αυτό το τελευταίο μάθημα
θα μιλήσουμε για τα επίθετα που
μας φανερώνουν **χρώμα**. Αυτά τα επίθετα
έχουν τις εξής καταλήξεις:

αρσενικό	θηλυκό	ουδέτερο
-ής	-ιά	-ί
ο ασημής	η ασημιά	το ασημί
ο καφετής	η καφετιά	το καφετί
ο θαλασσής	η θαλασσιά	το θαλασσί

Να θυμάστε: χρώματα υπάρχουν
πολλά, αλλά οι καταλήξεις όλων
των επιθέτων που φανερώνουν χρώμα
είναι αυτές:

το αρσενικό σε **-ής** με **ήτα** (**η**),
το θηλυκό σε **-ιά** με **γιώτα** (**ι**),
το ουδέτερο σε **-ί** με **γιώτα** (**ι**).

κακό και ταραχή που 'γίνη!:
τι πανηγύρι έγινε,
τι μεγάλο γλέντι!

σαν φρενιασμένα τραγουδούσαν:
τραγουδούσαν
σαν τρελά,
με όλη τη δύναμη
της φωνής τους
κι ακόμα πιο πολύ.

ως αυτού, θαρρώ:
ως εδώ νομίζω
ότι πρέπει να
σταματήσουμε.

Εξάσκηση

✎ *Γράφω επίθετα που φανερώνουν χρώμα.*

χρώμα	αρσενικό	θηλυκό	ουδέτερο
της θάλασσας	ο θαλασσής	η θαλασσιά	το θαλασσί
του πορτοκαλιού			
του χρυσαφιού			
του λεμονιού			
της στάχτης			
του μενεξέ			
του καφέ			
του τριαντάφυλλου			
της κανέλας			
του κεραμιδιού			
του ασημιού